感谢国家社科基金项目（编号：17CJY040）的出版资助，感谢湖南省"双一流"培育学科农林经济管理学科、湖南省农村发展研究基地和"三农"问题研究基地的资助。

U0620533

湖南农业大学经济学院学术文库

普惠金融发展中农村人口金融能力提升研究

Research on the Improvement of Rural Population's Financial Capability in the Development of Inclusive Finance

罗荷花　李明贤◎著

经济管理出版社

ECONOMY & MANAGEMENT PUBLISHING HOUSE

图书在版编目（CIP）数据

普惠金融发展中农村人口金融能力提升研究/罗荷花，李明贤著．—北京：经济管理出版社，2021.3

ISBN 978 - 7 - 5096 - 7838 - 1

Ⅰ.①普…　Ⅱ.①罗…②李…　Ⅲ.①农村金融—研究—中国　Ⅳ.①F832.35

中国版本图书馆 CIP 数据核字（2021）第 046915 号

组稿编辑：曹　靖
责任编辑：曹　靖　郭　飞
责任印制：黄章平
责任校对：陈　颖

出版发行：经济管理出版社
　　　　　（北京市海淀区北蜂窝 8 号中雅大厦 A 座 11 层　100038）
网　　　址：www. E - mp. com. cn
电　　　话：（010）51915602
印　　　刷：唐山昊达印刷有限公司
经　　　销：新华书店
开　　　本：720mm × 1000mm/16
印　　　张：13.5
字　　　数：220 千字
版　　　次：2021 年 7 月第 1 版　　2021 年 7 月第 1 次印刷
书　　　号：ISBN 978 - 7 - 5096 - 7838 - 1
定　　　价：88.00 元

序 言

近年来，普惠金融在我国农村地区快速发展，积极面向农村人口提供金融产品和服务，在一定程度上破解了农村人口获取金融产品和服务难题。然而，由于农村人口金融能力低下，无法有效表达金融服务需求、无法精准识别与理解金融产品等，容易形成自我金融排斥问题，导致农村人口还是难以以合理成本享用那些看似唾手可得的金融产品和服务，成为阻碍当前我国农村人口增收致富、农村经济高质量发展的制约因素。特别是不断深化的农村金融改革和日趋复杂的金融产品供给，对农村人口金融能力提出了更高要求。为此，仅从供给方进行农村普惠金融改革的努力还不够，还亟须从需求方寻找突破口。通过深入探讨普惠金融发展中农村人口金融能力提升问题，以此有效提升农村人口金融能力，为政府部门和普惠金融机构更好满足农村人口的金融服务需求提供决策参考和业务指导。

本书在梳理国内外研究动态和阐述普惠金融、金融能力等内涵的基础上，从普惠金融理论、能力理论、行为金融学理论、人力资本理论等介绍了普惠金融发展中农村人口金融能力提升的相关理论，并深度剖析了普惠金融发展与农村人口金融能力提升之间的互动关系。

运用规范分析法分析了普惠金融发展中农村人口金融能力提升的现实举措。其中，普惠金融机构利用现有机构网点和无银行网点业务积极为农村人口提供普惠金融产品和服务、宣传金融知识等提升农村人口金融能力。政府部门通过制定金融政策、设计激励机制、开展金融教育和指导等提升农村人口金融能力。农村人口通过培育和提高自我金融意识、学习金融知识和金融技能等提升其金融能力。

在借鉴世界银行居民金融能力指标体系的基础上，结合我国农村普惠金融发展、农村人口参与金融活动状况等实际情况,从金融知识、金融意识、金融技能和金融行为四方面构建我国农村人口金融能力评价指标体系。以 4 省 9 县 1058 户农村人口的实地调研数据,运用因子法和加总法科学地测度了我国农村人口的金融能力现状。结果显示我国农村人口金融能力整体较低。

分别运用 Probit 模型和 Tobit 模型实证分析农村人口金融能力对家庭融资决策和融资可得性的影响,并运用对比法分析农村人口与低收入人口、非低收入人口的金融能力对家庭融资决策和融资可得性影响的相似性和差异性。研究发现,农村人口家庭参与融资决策和融资可得性还较低,农村人口金融能力对家庭融资决策和融资可得性均产生显著的正向影响。

运用结构方程模型,利用农村人口、普惠金融机构工作人员等1187人的调研数据,从农村人口自身因素、普惠金融机构因素、政府及其他部门因素等方面实证分析了普惠金融发展中提升农村人口金融能力的影响因素。研究发现,政府及其他部门因素对农村人口金融能力提升的间接效应大于普惠金融机构因素。其原因在于:政府主导下农村普惠金融改革还是遵照政府自上而下的强制性金融制度变迁,普惠金融机构和农村人口提升农村人口金融能力的作用还没有充分发挥。

基于农村人口、普惠金融机构、政府部门三方参与主体,运用演化博弈模型分析提升农村人口金融能力的行为策略及其影响因素。结果显示,提升农村人口金融能力的三方参与主体行为策略的演化博弈不存在稳定中心点和均衡点,其博弈均衡受到多种因素共同影响。可持续提升农村人口金融能力的实现路径是农村人口、普惠金融机构、政府部门三方参与主体均采取积极行为策略,且加强协调和通力合作。但在可持续提升农村人口金融能力过程中,三方参与主体还面临着诸多障碍因素。据此,从农村人口、普惠金融机构、政府部门等方面提出可持续提升农村人口金融能力的对策建议。

本书在罗荷花主持的国家社科基金项目结题报告的基础上不断修改完善而成,是提升我国农村人口金融能力,实现农村人口增收致富,促进普惠金融可持续发展的一部力作。全书层次清晰,结构完整,方法得当,内容丰富,结论切实可信,观点新颖,对解决我国农村人口融资问题、实现乡村振兴战略目标、促进农村普惠金融发展具有重要的现实指导意义。在其专著

《普惠金融发展中农村人口金融能力提升研究》出版之际，嘱我作序，我欣然执笔，期待作者继续保持勤奋探索、不懈耕耘的作风，今后能有更多成果呈献给广大读者。

曾福生

湖南中医药大学副校长、博士生导师

2021 年 6 月 5 日

目　录

第一章 导 论

第一节 选题背景、选题目的和选题意义

一、选题背景

金融能力（Financial Capability）是国际上近些年来人们提出的一个崭新的概念，引起了学术界和各国政策制定者的极大关注。国际上最早使用金融能力的是英国和加拿大的学者，他们用金融能力来表达个体在有效管理自身财富时体现出来的个体金融知识、自信心和行为动机。2004 年，英国政府意识到本国消费者存在金融意识薄弱、金融理解能力较低、无法科学合理进行个人理财决策等问题，2005 年在英国开展了全国的居民金融能力测度，并开始普及金融知识和加强金融教育工作。2008 年美国金融危机爆发带来极大的不良影响后，人们发现消费者金融能力低下、对金融产品和服务理解不到位、缺乏金融风险管理意识等是造成金融危机爆发的主要原因。随后，美国、加拿大、澳大利亚等国家开始重视居民金融能力的提升，对居民金融能力的研究不断深入。国外学者普遍认为，居民金融能力是指居民运用金融知识、金融技能和金融意识去利用外部环境而做出有效金融决策行为，以实现各种福祉应具有的能力（Dixon，2006；Taylor，2011；World Bank，2013；Finney 和 Hayes，2015）。最近几年，国内学者也开始意识到居民金融能力的重要性，但目前研究大多侧重于从金融知识或金融素养角度展开，直接就居民金融能力的研究还较为少见。然而，Dixon（2006）、Rogers（2012）、Kempson（2013）、肖经建（2014）、Sherraden 和 Ansong（2016）、李明

贤和吴琦（2018）、罗荷花和谢晋元（2020）等认为，居民金融能力比金融知识、金融素养具有更丰富的内涵，更主张就居民金融能力展开研究。

居民金融能力对其金融决策及其金融服务的可得性产生重大影响。据世界银行统计，全球仍有38%的成年人未拥有过金融账户，仅有11%的成年人从正规金融体系获得过贷款，有78%的受访者认为家庭获取金融账户的主要障碍是缺乏金融产品和服务的知识（World Bank，2013）。尽管我国一直在农村地区通过开展金融产品创新、机构创新、信贷技术创新等推动普惠金融发展，并且在一定程度上破解了当前农村人口融资难、融资贵等难题（焦瑾璞，2009；李明贤和周孟亮，2013；马九杰，2013；何广文，2018），但由于我国农村人口金融知识水平差、金融意识不够强等导致其金融能力较低，容易使农村人口形成自我金融排斥问题，导致其难以以适当的成本享用那些看似唾手可得的金融服务（星焱，2016），成为阻碍农村人口增收致富的重大因素，也制约了我国农村普惠金融的可持续发展。此外，当前农村社会中以欺诈为目的的高息揽储、集资、高利贷等现象猖獗，农民的合法金融利益经常遭受侵害，其根源也在于农民金融能力低下，以至于2017年中央一号文件提出了严厉打击农村非法集资和金融诈骗，积极推动农村金融立法的任务，并不断重视提升农民金融能力。尤其在当前经济不确定性程度日益增加的背景下（Huang和Luk，2018），居民金融能力提升的重要性越发明显。

在实践中，尤努斯在孟加拉国创办格莱珉银行服务穷人的过程中，一直致力于要求穷人定期参加小组会、中心会议等，其目的也在于有效提升穷人的金融能力，促进小额信贷业务发展取得良好的效果。我国各级政府、中国人民银行等主体也开始关注居民金融教育和金融能力提升问题，如中国人民银行在全国范围内开展"金融知识普及月"活动，在湖南祁阳、双牌等地试点开展将金融知识纳入国民教育体系的工作等。2019年中央一号文件明确指出，金融扶贫政策要坚持扶贫与扶志、扶智相结合，以此增强农村人口自我发展能力和内生动力。银保监会于2020年4月9日发布的《关于做好2020年银行业保险业服务"三农"领域重点工作的通知》中明确提出，要积极稳妥扩大农村普惠金融改革试点范围，增加普惠金融供给，确保实现基础金融服务全覆盖，不断提升农民金融素养。针对当前农村普惠金融改革不断深化和金融市场中金融产品日趋复杂化，我国农村人口将会面临着更为严峻的挑战和更难的金融决策，从而对农村人口金融能力提出了更高的要求。

因此，仅从供给方进行农村普惠金融改革的努力还不够，亟须从需求方寻找突破口。通过从农村人口需求端出发，不断提升农村人口金融能力，可以培养农村人口积极参与金融活动，主动接触金融市场和金融机构，促使农村人口提高普惠金融产品和服务的可得性，从而破解农村人口面临的金融排斥难题，实现农村人口长久增收和持续致富的目标；还可以促使农村人口成为普惠金融体系的构建者和活跃因素，促使农村人口与普惠金融机构进行良性互动，推动普惠金融机构的产品创新、制度完善和普惠金融业务推广，促使普惠金融机构的可持续发展，进而实现普惠金融发展目标。为此，关注与研究普惠金融发展中农村人口金融能力提升问题的重要性日益剧增。

二、选题目的

目前，大多研究成果是从供给方角度分析农村普惠金融发展破解农村人口融资难题，但实施效果并不明显，其根源在于农村人口金融能力低下。因此，本研究提出从需求方角度出发，研究普惠金融发展中农村人口金融能力提升问题。其目的在于通过提升农村人口金融能力，破解当前农村人口难以获得所需的普惠金融产品和服务、难以做出合理的金融决策等问题，以此实现农村人口更好地获取普惠金融产品和服务，提高普惠金融产品和服务的可得性，破解金融排斥或金融约束难题，通过金融方式促使其家庭收入增加和家庭财富积累。同时，深入研究普惠金融发展中提升农村人口金融能力的影响因素、各参与主体提升农村人口金融能力的行为策略及实现路径、可持续地提升农村人口金融能力的对策建议等方面内容，为提升农村人口金融能力提供理论支撑，为政府部门和普惠金融机构提供决策参考和指导。

三、选题意义

（一）理论意义

借鉴相关理论，从理论上深入探讨普惠金融发展与农村人口金融能力提升之间的互动关系，探究普惠金融发展中提升农村人口金融能力的影响因素、各参与主体提升农村人口金融能力的行为策略及实现路径，为通过提升农村人口金融能力来破解农村人口金融排斥难题和促进普惠金融可持续发展寻求理论支撑，也为提高我国农村普惠金融改革效果提供思想指导，还可以进一步丰富金融能力理论和普惠金融理论。

（二）现实意义

通过研究农村人口金融能力提升问题，促使农村人口金融能力可持续提升，可以帮助农村人口更准确地表达金融服务需求、更精准地识别与理解普惠金融产品和服务、更科学地做出更优的金融决策和行为，提高普惠金融产品和服务的可得性，并通过金融方式来实现其家庭收入提高和家庭财富积累增加，让更多农村人口家庭分享到经济增长和金融发展带来的红利，促使全面建成小康社会和实现乡村振兴战略的目标；也可以促使普惠金融机构开发与创新适应农村人口需求的普惠金融产品和服务，扩大金融服务广度和深度，加强金融教育和培训指导等，促使普惠金融机构财务可持续发展；还可以为政府相关部门制定普惠金融发展政策、破解农村人口金融排斥和金融约束难题提供决策参考和指导建议，具有重大的现实意义。

第二节　国内外研究动态及述评

一、国外研究动态

（一）国外关于居民金融能力重要性的研究

居民缺乏金融能力，会降低投资多样性（Lusardi，2010；Guiso 和 Jappelli，2013）、做出更多的错误投资（Calvet，Campbell 和 Sodini，2009）、接受高成本贷款（Bernheim 和 Garrett，2003；Stango 和 Zinman，2009）、抑制股票市场参与度（Rooij，Lusardi 和 Alessie，2011；Guiso 和 Jappelli，2013）等。Doran 和 Bagdasaryan（2018）研究发现，印度穷人由于缺乏金融能力导致难以获得金融服务和实现收入提高，证明了穷人金融能力与贫穷之间存在高度相关。因此，World Bank（2013）、Fernandes，Lynch 和 Netemeyer（2014）、Potocki（2016）、Sherraden 和 Ansong（2016）、Sherraden，Birkenmaier 和 Collins（2018）等认为，居民金融能力提升可以改变人们的金融行为和习惯，做出更好的金融决策，提高金融福祉。West 和 Friedline（2016）也研究发现，提升低收入阶层金融能力，可以促使良好的金融行为，做出重要的金融决策。

Kempson，Perotti 和 Scott（2013）认为，较高的居民金融能力能够帮助居民准确理解金融产品的收益与风险，选择与自身状况相匹配的金融产品，提高金融服务的可获得性。Gathergood（2012）运用英国的数据证明居民金融能力对消费者信贷会产生重要影响，拥有金融能力较低的居民家庭使用成本较高的信贷，容易出现难以偿还贷款或过度负债问题。Lamb（2016）运用加拿大的数据证明了金融能力与金融排斥之间的关系，认为提升居民金融能力可以缓解金融排斥现象。Rooij，Lusardi 和 Alessie（2011）、Kimball 和 Shumway（2010）等认为，较高的居民金融能力能够帮助居民合理选择与配置金融资产，积极参与金融市场。Xiao（2014）、Arifin（2018）等研究认为，消费者金融能力对金融满意度产生正向影响。

同时，Huang Nam 和 Lee（2015）通过结构方程模型研究金融能力与老年亚洲移民贫穷之间的关系，认为金融能力的提升明显减轻了亚洲低收入老年移民的经济贫穷状况。Xiao（2016）、Vlaev 和 Elliott（2017）、Sherraden 等（2018）也研究发现居民金融能力提升可以明显提高居民收入、积累居民财富和减轻经济贫穷状况。Allmark 和 Machaczek（2015）则认为，居民金融能力的提升，不仅能直接地提高人们的经济福利，也会间接地提高人们的健康水平。Atkinson 等（2007）、Taylor（2009）、Sheen（2012）等进一步研究发现，居民金融能力能够减少其心理压力，提高居民的心理健康水平。

此外，Huang，Nam，Sherraden 和 Clancy（2016）还发现金融能力是提高金融管理和减少母亲、孩子物质困难风险的关键因素，提升居民金融能力成为社会工作者提高居民经济福祉的重要策略。Zia（2016）认为，提升居民金融能力已成为政策制定者促进普惠金融发展的政策重点。

（二）国外关于居民金融能力测算的研究

2005 年，英国金融服务管理局（FSA）委托个人金融研究中心从提前计划、资金管理、保持信息通畅和选择金融产品四个部分设计英国居民金融能力水平的调查问卷。Atkinson，Mckay，Kempson 和 Collard（2007）运用上述四个部分指标和因子分析法对英国居民的金融能力进行测算。随后，Finney 和 Hayes（2015）在英国第三次财富和资产（2010~2012 年）调查问卷基础上，将金融能力的测度重点关注到金融行为，金融能力测度指标扩展为收支平衡、选择金融产品、资金规划、提前规划、保持信息通畅和控制支出六部分 18 个具体问题，并对英国成年人金融能力进行测度。Taylor（2011）通过运用 1991~2006 年英国家庭小组调查（BHPS）中关于资金管理和收支平衡状况的数据，从资金管理、预期计划、收支平衡、信息收集和选择金融产品五个维度构建英国居民金融能力的指标体系。而美国财政部、总统金融素养咨询委员会和 FINRA 投资教育基金会在 2015年第三次全国性调查中了解美国成年人金融能力，Lusardi，Lin，Bumcrot 和 Uliczny（2016）依据该次调查数据，将金融能力分为提前计划、管理金融产品、控制收支平衡和金融知识与金融决策制定四个部分，并用七级量表测度了 2015 年美国成年人的金融能力水平，并将居民自我主观评价与调查实际反映的居民金融能力进行对比分析。

除上述各国政府官方主导实地调查开展居民金融能力测度之外，非官方的金融能力测度研究也有很多。如 Sherraden（2010）则用金融知识与技能和普惠金融两方面测度美国居民的金融能力。金融知识与技能具体用金融建议和咨询、经济状况、金融教育和指导等指标进行衡量，而普惠金融用金融产品的可负担性、可及性、安全性等指标进行衡量，该研究不仅延续前人研究认为金融能力包括个人内在能力，还首次提出金融能力并包括金融机构提供的金融服务和产品质量、政府政策等外部环境。另外，Chowa，Ansong 和 Despard（2014）、Sherraden 和 Ansong（2016）等也提出金融能力可以通过内部能力与外部因素共同衡量。其原因在于，如果金融产品无法做到让居民容易使用，且安全可靠和价格合理，那么金融产品的使用率会降低；如果人们有获得金融产品的渠道，但其自身缺乏对金融产品的认知，那么这些金融产品也无法充分利用。此外，Despard 和 Chowa（2014）用现金管理、金融行为、金融服务认知等指标对 5451 位年龄为 12~18岁的加纳青少年的金融能力进行了测算。Huang，Nam 和 Lee（2015）则用金融素养、金融渠道和金融行为三个方面衡量亚洲低收入老年移民的金融能力，并实证分析金融能力与经济困难之间的关系。Vlaev 和 Elliott（2017）基于行为框架，从金融技能、金融知识等方面衡量个人金融能力。

（三）国外关于居民金融能力影响因素的研究

Atkinson 等（2007）、Taylor（2011）、Lusardi 和 Mitchell（2011）等认为居民性别、受教育程度、家庭收入水平等个人特征和家庭特征因素对居民金融能力产生重要影响。Lusardi 和 Mitchell（2006）、Gaurav 和 Singh（2012）、Xu 和 Zia（2012）等研究认为，男性金融素养要明显高于女性。Potocki（2016）研究发现，大多数国家那些低学历、低收入和农村地区的居民金融能力偏低或缺乏。Calvet，Campbell 和 Sodini（2009）则研究发现，教育水平越低的家庭，其金融知识水平越低。Bernheim 和 Garrett（2003）、Anderson，Zhan 和 Scott（2004）、Spataro 和 Corsini（2013）等认为，家庭收入水平会对居民金融能力产生积极影响，但 Fornero 和 Monticone（2011）、Agarwal 等（2015）认为家庭收入水平与金融能力之间没有显著影响。

还有不少学者认为家庭金融教育、学校金融教育、金融教育培训等金融教育都会显著影响居民金融能力。如 Clarke（2005）、Webley 和 Nyhus（2006）、Mandell 和 Klein（2009）、Moffitt，Arseneault 和 Belsky（2011）、Luukkanen 和 Uusitalo（2019）等则认为，父母成为青少年获取金融知识的重要渠道，青少年会模仿父母行为使用金融产品和掌握金融技能，从而家庭金融教育对青少年金融能力产生重要影响。而 Lusardi 和 Mitchell（2007）调查却发现，在学校接受过专业金融教育或在公司参加过相关金融培训的居民金融能力水平比一般人要高。Xiao 和 Neill（2016）也研究发现，高中学校的金融教育对美国居民金融能力产生了正向影响。Friedline，Elliott 和 Nam（2011）认为，居民在青少年时期拥有储蓄账户的经验，其金融能力更高。Bell，Gorin 和 Hogarth（2009）发现，在高中有储蓄账户的美国士兵会有更高的金融管理技能。Rothwell 和 Wu（2019）运用加拿大金融能力调查数据和倾向分数匹配法，对比参加和没有参加金融教育的人，认为金融教育培训对加拿大居民金融能力产生显著影响。但 Fernandes 等（2014）则认为，金融教育对居民金融能力影响较小，而 Mandell（2005）则认为金融教育与居民金融能力之间没有显著影响。

而 Collins 和 Nafziger（2019）研究发现，劳动力发展计划中金融咨询服务对低收入者金融能力影响有限。Lusardi 和 Tufano（2009）认为，失业者会比自我

普惠金融发展中农村人口金融能力提升研究

雇佣者和受雇佣者的金融能力更低。Chowa、Ansong 和 Despard（2014）运用多元 Logit 回归模型，研究发现居民对金融规则的理解程度、住宅与金融机构的距离等因素对乌干达的农村居民金融能力产生了重要影响。French 等（2020）运用随机对照试验（RCT），认为居民使用贷款利息比较、支出比较、现金日历和债务管理四个智能手机应用程序可以显著提高居民金融能力。

（四）国外关于提升居民金融能力对策的研究

1. 加强金融教育和指导

Rothwell（2016）、Mangan，Hughes 和 Slack（2010）、Sledge，Tescher 和 Gordon（2017）等研究认为，居民可以通过金融教育和指导来不断提升其金融能力。Schuchardt 等（2009）、Walstad，Rebeck 和 MacDonald（2010）、Xiao 和 Neill（2016）、Madi 和 Yusof（2018）等认为，金融教育能够提升人们的金融能力，影响其金融行为，做出更优的金融决策，以此帮助居民实现金融目标。其中，Sherraden 等（2016）认为，专业金融教育培训可以提升居民金融能力，可以帮助居民提高金融管理的信心，改善个人的金融行为。Robeyns（2005）、Johnson 和 Sherraden（2007）、Birkenmaier 和 Fu（2015）等认为，金融教育培训和雇佣活动都可以帮助人们增加金融资源的获取途径，提升人们的金融能力。Danes 和 Haberman（2007）通过对 5329 名高中生调查发现，参与学校金融规划课程的女生会获得更多的金融知识，但男生能够更自信地做出金融决策。Sherraden 等（2011）通过采用准实验发现，相比对照组学生而言，参与金融教育项目的学生们的金融能力有显著提升，并能够理解和做出有效的金融决策。Gutter，Garrison 和 Copur（2010）则研究认为在农村地区通过与朋友、家庭成员相互交流等非正式的社会教育也可以获得金融知识和技能。Sherraden，Birkenmaier 和 Collins（2019）也研究认为社会工作者、其他人力服务专业人员通过向弱势群体提供社会金融教育，可以提升弱势群体金融能力。另外，Zokaityte（2016）认为，金融能力项目具体通过金融教育、金融信息和金融建议等方面，也可以提升居民金融知识、金融技能等金融能力。

2. 创设有利的配套措施

Birkenmaier，Sherraden 和 Curley（2013）认为，提升居民金融能力的途径，除了加强金融教育和指导外，还可以扩大获取金融产品和服务的渠道。Fellows

和 Mabanta（2008）、Kempson 和 Finney（2009）、Nussbaum（2011）、Sherraden 和 Ansong（2016）等认为，金融机构通过为穷人设计好的金融产品和服务，有利于穷人获取金融产品，提升其金融能力。Dixon（2006）、Lamb（2016）等也认为金融机构简化金融产品、创新贷款管理模式、鼓励开设小额账户等，既可以为提升居民金融能力创设有利的配套措施，也有利于缩减居民金融能力与现实金融行为之间的鸿沟。Gerding（2009）、Campbell，Jackson，Madrian 和 Tufano（2011）、Maya（2017）等认为，消费者保护条款和机构可以帮助消费者远离不安全的金融产品和服务。Fort，Manaresi 和 Trucchi（2016）认为，金融机构信息政策可以提高居民金融素养，进而对家庭金融资产产生重要影响。

Luukkanen 和 Uusitalo（2019）则研究认为政府部门制定详细行动计划、提供金融信息等措施可以有效提升年轻人的金融能力。Huston（2010）、Ruiz－Durán（2016）、Birkenmaier 等（2018）认为，政府加强金融基础设施建设和实施有利的公共政策，可以提升居民金融能力，帮助居民获得金融机构的金融产品和服务。Davison 等（2018）研究认为，以资产建设服务为重点的志愿者所得税帮助网站（VITA）提供的纳税时间项目可以帮助中低收入家庭克服过度负债、其他财务问题等，有利于提升中低收入家庭的金融能力。Marchant 和 Harrison（2020）认为，加强金融社会化机构发展，可以提升成年人金融能力。

二、国内研究动态

国内学者对居民金融能力的研究进展较慢，目前研究成果侧重从居民金融知识或素养角度对居民金融能力展开研究，体现在：

（一）国内关于居民金融知识或素养重要性的研究

中国人民银行金融消费权益保护局（2014）、杜朝运和丁超（2016）、星焱（2016）等则提出，加强居民金融知识普及和金融教育，可以帮助居民有效利用金融工具和享受金融服务，以此做出更好的金融决策。其中，马双和赵朋飞（2015）、张号栋和尹志超（2016）、孙光林等（2018）认为，提升居民金融知识水平可以显著降低居民家庭金融排斥的概率，其遭受正规信贷约束或信贷约束行为均会有效降低，对家庭信贷决策产生影响。苏岚岚、何学松和孔荣（2017）则基于陕西省 908 户农户调查数据，运用 Bivariate Probit 模型证明了金融知识对农民农地抵押贷款需求产生积极影响。而曾志耕等（2015）、伍再华等（2017）、吴卫星等（2016）研究发现，居民金融素养水平对居民家庭风险资产配置种类的多样性、参与股票市场、家庭资产组合有效性等金融投资决策产生显著影响。秦芳等（2016）、吴雨等（2017）、何学松和孔荣（2018）、杨柳和刘芷欣（2019）则研究认为，居民金融素养水平对家庭参与商业保险可能性、购买创新型农业保险产品等保险决策产生重要影响。董晓林和石晓磊（2018）则认为，居民金融素养可以提高信息分析和整理能力，促使城乡家庭互联网金融产品的使用意愿和程度提高。

另外，学者们不仅研究了金融知识或素养对居民家庭信贷决策、金融投资决策、保险决策等金融决策的重要性，还分析了其对居民家庭其他决策产生影响。如尹志超等（2015）、苏岚岚和孔荣（2019）等认为，金融素养水平的提高能够显著推动家庭创业决策。吴卫星、吴锟和王琎（2018）通过实证研究发现金融素养提高可以促进居民家庭拥有负债，且减少过度负债。刘阳和张雨涵（2020）则研究发现，提高居民金融素养可有效降低家庭遭遇诈骗而受损的现象。朱建军、张蕾和安康（2020）实证发现，金融素养对农地流程和农业规模化经营发挥了重要作用。孟宏玮和闫新华（2020）认为，居民金融素养提高，可以激发家庭消费潜力。

（二）国内关于居民金融知识或素养测算的研究

大多数学者运用中国家庭金融调查（西南财经大学）、中国城市居民消费金融调查数据（清华大学）等已建成数据库，从中选择合适问题或指标来测度居民金融知识或素养。如尹志超等（2014；2015）运用中国家庭金融调查的数据，通过利率、通货膨胀和投资风险三道问题对消费者进行金融知识测算，分别使用因子分析法和问题回答的正确个数构建了金融知识指数。张号栋和尹志超（2016）在利率计算、通货膨胀预期和投资风险选择三个提取变量的基础上，增加一般性金融知识、专业性金融知识和投资风险计算三个问题，提取知识因子、计算因子和预期因子后，拟合出金融知识指标，发现我国居民金融知识严重匮乏。刘阳和张雨涵（2020）、朱建军、张蕾和安康（2020）运用中国家庭金融调查中关于利率、通货膨胀和投资风险三道问题测度居民金融素养水平。胡振和臧日宏（2017）则运用中国城市居民消费金融调查数据，从主观金融素养和客观金融素养两方面来衡量居民金融素养。其中，主观金融素养用居民金融知识与技能的客观感受来衡量，而客观金融素养则用分散化投资、通货膨胀、利率等问题衡量。吴卫星、张旭和阳吴锟（2019）运用中国城市居民消费金融调查数据，选择一些金融相关问题的答案来测度居民金融素养水平。

还有部分学者是通过自我设计调研问卷来测度居民金融素养。如王宇熹和范洁（2015）认为，通过利率、通货膨胀等基本金融知识以及消费者对未来是否拥有完整财务规划目标等问题来衡量消费者金融素养。张欢欢和熊学萍（2017）基于 PISA 金融素养测评的基础上，从金融知识理解和应用、基本金融知识认知、金融规划等六方面衡量我国农村居民金融素养水平。刘国强（2017）运用信用管理、金融产品认知与选择、投资理财、贷款常识等指标来衡量消费者金融素养，认为当前我国消费者金融素养水平还有待提升。何学松和孔荣（2018）通过信贷知识、通货膨胀知识、保险知识、金融产品选择能力、金融风险识别能力、财务计算能力 6 个指标构建居民金融素养指数，运用因子法对金融素养水平进行测度。

（三）国内关于提升居民金融知识或素养对策的研究

国内学者主要是基于居民、金融机构、政府等视角来研究提升居民金融知识或素养水平的对策。如胡振（2017）、孟宏玮和闫新华（2020）等认为，居民要自觉参加金融知识宣传活动，主动学习金融知识和技能，可以有效提高居民金融素养。贝多广和张锐（2016）、吴卫星等（2018）、董晓林和石晓磊（2018）、朱建军等（2020）等则认为，普惠金融机构重视普及金融知识，加强金融教育和技能训练，可有效提升居民金融素养。朱涛（2017）、胡振和臧日宏（2016）、张欢欢和熊学萍（2017）、鲁斯玮等（2018）、彭倩等（2019）研究认为，金融机构加强金融教育与指导，可以有效地提高居民金融素养。张号栋和尹志超（2016）、刘阳和张雨涵（2020）具体提出要将金融知识教育和实务技能培训相结合，利用现代互联网技术开展金融教育活动等方式，可有效提高居民金融素养水平。马双和赵朋飞（2015）、彭倩等（2019）认为，学校的金融教育可以提高居民金融知识或素养水平，提出要扩大金融类知识在学习教育中比重、优化学校课程结构、将金融教育纳入国民教育体系等。尹志超等（2015）、胡振（2017）、单德朋（2019）认为，通过培训类课程、宣传册、讲座等渠道普及金融知识，分类加强金融教育，构建金融知识普及或金融教育的长效机制。吴锟和吴卫星（2017）、曹璨和罗剑朝（2019）、陈姿和罗荷花（2019）、孟德锋等（2019）、杨柳和刘芷欣（2020）则认为政府部门要采取制定普惠金融教育政策、加大财政投入力度、完善金融素养方面的法律制度、完善农村信用体系建设等措施，帮助居民获得金融知识和提高金融素养水平。

三、研究述评及未来展望

综上所述，国外学者从居民金融能力重要性、居民金融能力测度、居民金融能力影响因素以及提升居民金融能力对策等方面对居民金融能力进行深入研究，其相关研究成果丰富，但其成果主要是针对全体人口，很少区分不同对象尤其是针对农村人口展开研究。而国内相关研究起步较晚，成果主要集中在金融知识、金融素养等方面的研究，难以反映居民真实的金融能力现况，但这些成果为本书研究农村人口金融能力提升奠定了坚实的基础。

当前，我国大力发展普惠金融，期望以可负担的成本为有金融服务需求的农村人口提供适当、有效、全面的金融服务，但农村人口还是难以以合理的成本与价格获得所需要的金融服务。因此，本书从需求方角度研究普惠金融发展中农村人口金融能力提升，通过金融能力提升后帮助农村人口能够准确辨识与精准获取普惠金融产品和服务，为农村人口金融排斥和金融约束难题、促进普惠金融机构可持续发展提供新的破解思路显得尤为重要。农村人口金融能力提升在当前我国大力发展普惠金融，实现全面建成小康社会和乡村振兴战略的时期是一个蕴含机会和重大挑战的重要研究领域。

本书将在以下几方面展开重点研究：一是基于普惠金融理论、能力理论等理论出发，分析普惠金融发展与农村人口金融能力提升之间的相互关系，构建普惠金融发展中农村人口金融能力提升的理论基础。二是构建我国农村人口金融能力的评级指标体系，并运用科学方法测度普惠金融发展中农村人口金融能力的现状，以及选用合理的计量经济模型考虑农村人口金融能力对普惠金融发展的实证影响。三是分析普惠金融发展中提升农村人口金融能力的影响因素，以及深入探讨各参与主体提升农村人口金融能力的行为策略及实现路径，从而提出可持续提升农村人口金融能力的对策建议。

第三节 研究思路、研究内容与研究方法

一、研究思路

本书遵循提出问题、分析问题、解决问题的思路展开研究。第一，在对国内外研究动态进行归纳和评述的基础上，结合相关理论对普惠金融发展与农村人口金融能力提升之间的关系进行研究。第二，运用案例分析法、规范分析法等分析普惠金融发展中农村人口金融能力提升的现实举措，具体分析普惠金融机构、政府部门、农村人口自身等通过制定一系列政策和工作举措来提升农村人口金融能力。第三，运用因子法和对比法分析普惠金融发展中农村人口金融能力的现状。第四，运用 Probit 模型、Tobit 模型等分析农村人口金融能力对普惠金融发展的实证影响。第五，运用结构方程模型，从农村人口、普惠金融机构、政府部门三维度分析普惠金融发展中提升农村人口金融能力的影响因素。第六，基于农村人口、普惠金融机构、政府部门三方参与主体，运用演化博弈模型分析各参与主体提升农村人口金融能力的行为策略及实现路径。第七，在阐述提升农村人口金融能力实现路径中面临障碍因素的基础上，提出可持续地提升农村人口金融能力的对策建议。具体研究思路如图 1－1 所示。

二、研究内容

（一）普惠金融发展中农村人口金融能力提升的理论基础

在阐述普惠金融、金融能力等内涵的基础上，通过普惠金融理论、能力理论、行为金融学理论、人力资本理论等介绍普惠金融发展中农村人口金融能力提升的相关理论，进而从理论上阐述普惠金融发展与农村人口金融能力提升之间的关系。普惠金融发展促使普惠金融机构面向农村人口提供普惠金融产品和服务、开展普惠金融知识宣传等方式，实现农村人口金融能力不断提升。而农村人口金融能力提升通过准确表达有效的金融服务需求、精准辨识与理解金融产品和服务等方式，不仅可以提高普惠金融产品和服务的可得性，破解金融排斥或约束难题，

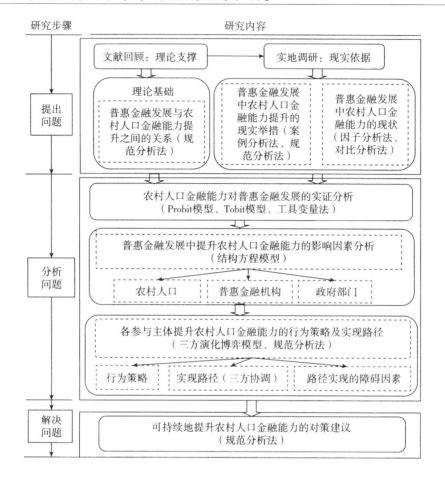

图 1-1 研究思路框架

还可以促使内生成长型的普惠金融发展模式形成和普惠金融机构财务可持续发展，进而实现普惠金融发展目标。

（二）普惠金融发展中农村人口金融能力提升的现实举措

在当前普惠金融发展背景下，普惠金融机构、政府部门、农村人口自身等通过制定一系列政策和工作举措来提升农村人口金融能力。本章介绍了普惠金融机构利用现有机构网点和无银行网点业务积极为农村人口提供普惠金融产品和服务、宣传金融知识等举措来提升农村人口金融能力。首先，选取湖南省金融扶贫服务站作为无网点银行业务的典型案例，阐述金融扶贫服务站提升农村人口金融能力的现实举措。其次，分析政府部门通过制定金融政策、设计激励机制、普及普惠金融政策和知识、开展金融教育和培训指导等现实举措来提升农村人口金融能力。最后，分析农村人口通过培育和提高自我金融意识、学习金融知识和金融技能、积极参与各项金融行为活动等现实举措来提升其金融能力。

（三）普惠金融发展中农村人口金融能力的现状分析

在借鉴世界银行居民金融能力指标体系的基础上，结合我国农村普惠金融发展、农村人口生产生活变化、参与金融活动状况等实际情况，从金融知识、金融意识、金融技能和金融行为四方面构建我国农村人口金融能力评价指标体系。以4省9县1058户农村人口（其中，535户农村低收入人口、523户农村非低收入人口）的实地调研数据，运用因子法和加总法科学地测度了农村人口的金融能力现状。结果显示，我国农村人口金融能力整体较低。与农村人口、农村非低收入人口相比，农村低收入人口金融能力更低。

（四）农村人口金融能力对普惠金融发展影响的实证分析

以4省9县1058户农村人口的实地调研数据，实证检验了农村人口金融能力对普惠金融发展的影响。具体分别运用Probit模型和Tobit模型实证分析农村人口金融能力对家庭融资决策和融资可得性的影响，并运用对比法分析农村人口与农村低收入人口、非低收入人口的金融能力对家庭融资决策和融资可得性影响的相似性和差异化结果。研究发现：一是农村人口家庭参与融资决策和融资可得性还较低。二是农村人口金融能力对家庭融资决策和融资可得性均产生显著的正向影响。三是农村人口与农村非低收入人口、农村低收入人口家庭融资决策和融资可得性影响因素存在相似性和差异化结果。

（五）普惠金融发展中提升农村人口金融能力的影响因素分析

通过农村人口、普惠金融机构工作人员等1187人的实地调研数据，从农村人口自身因素、政府及其他部门因素、普惠金融机构因素等构建了提升农村人口金融能力影响因素的理论模型，并运用结构方程模型进行实证分析。研究发现，农村人口自身因素、政府及其他部门因素和普惠金融机构因素对提升农村人口金融能力均产生正向因素，但政府及其他部门因素对农村人口金融能力提升的间接效应大于普惠金融机构因素。其原因在于：在政府主导下，农村普惠金融改革还是遵照政府自上而下的强制性金融制度变迁，普惠金融机构和农村人口在提升金融能力上的作用还没有充分发挥。

（六）普惠金融发展中各参与主体提升农村人口金融能力的行为策略及实现路径

构建一个囊括农村人口、普惠金融机构、政府部门三方参与主体的提升农村人口金融能力的行为策略演化博弈模型，分析了各参与主体的行为策略及其影响因素。结果显示，提升农村人口金融能力的三方参与主体行为策略的演化博弈不存在稳定中心点，且不存在稳定均衡点，其演化博弈均衡受到多种因素的共同影响。可持续地提升农村人口金融能力的实现路径是农村人口、普惠金融机构、政府部门三方参与主体均采取积极的行为策略，且加强协调和通力合作。但在可持续地提升农村人口金融能力过程中，农村人口、普惠金融机构、政府部门等还面临着诸多障碍因素，制约了农村人口金融能力的可持续提升。

（七）可持续地提升我国农村人口金融能力的对策建议

从农村人口、普惠金融机构、政府部门三方面构建"三位一体"体系，提出可持续地提升我国农村人口金融能力的对策建议。

三、研究方法

（一）规范分析法

用规范分析法研究普惠金融发展与农村人口金融能力提升之间的互动关系、普惠金融发展中提升农村人口金融能力的参与主体行为策略、可持续提升农村人口金融能力的实现路径以及可持续提升我国农村人口金融能力的对策建议。

（二）实地调研法

通过选择4省（湖南省、湖北省、江西省、陕西省）9县（邵阳县、沅陵县、炎陵县、茶陵县、郧西县、郧县、利川市、遂川县、镇安县）的1058户农村人口（其中，535户农村低收入人口和523户农村非低收入人口）开展实地调研，获得金融能力、融资决策、融资可得性等数据。通过选取农村人口、普惠金融机构工作人员、政府及其他部门工作人员、教育及研究机构工作人员等1187人对提升农村人口金融能力的影响因素的衡量指标的态度判断而开展实地调研，获得提升农村人口金融能力的影响因素数据。

（三）实证分析法

运用因子分析法，科学测度农村人口金融能力的现状。分别运用 Probit 模型和 Tobit 模型分析金融能力对农村人口家庭融资决策和融资可得性的影响。运用结构方程模型，从农村人口自身因素、政府及其他部门因素、普惠金融机构因素等方面实证分析了普惠金融发展中提升农村人口金融能力的影响因素。

（四）对比分析法

运用对比法分析农村人口与农村低收入人口和农村非低收入人口的金融能力现状的差异。对比分析农村人口与农村非低收入人口、农村非低收入人口金融能力对家庭融资决策及融资可得性影响的相似性和差异化结果。

（五）案例分析法

以湖南省金融扶贫服务站作为案例，剖析金融机构依托第三方实体门店的无网点银行业务即金融扶贫服务站提升农村人口金融能力的现实举措。

（六）博弈分析法

基于演化博弈模型的方法来分析农村人口、普惠金融机构以及政府部门三方参与主体关于提升农村人口金融能力的不同利益诉求之间的冲突和最佳选取，探讨了影响三方参与主体的行为策略的因素。

第四节 研究的创新点

一、研究视角创新

目前关于金融能力研究主要是全体人口，而针对农村人口金融能力的研究不多见。考虑当前我国农村人口分化程度及实现全面建成小康社会和乡村振兴战略，研究农村人口金融能力问题更为重要。本书从需求方角度出发，研究普惠金融发展中农村人口金融能力提升问题，为当前我国农村人口金融排斥和金融约束难题，促进普惠金融可持续发展提供新的破解思路。

二、研究内容创新

从金融知识、金融意识、金融技能和金融行为四个方面构建适合我国农村人口金融能力评价指标体系，运用因子法科学地测度了农村人口金融能力的现状。从农村人口、普惠金融机构和政府部门三方参与主体分析提升农村人口金融能力的实现路径、存在的障碍因素，并基于"三位一体"提出可持续地提升农村人口金融能力的对策建议。

三、研究方法应用创新

分别运用 Probit 模型和 Tobit 模型分析金融能力对农村人口家庭融资决策和融资可得性的影响，选用社区居民平均金融能力作为工具变量，使用 IvProbit 模型和 Ivtobit 模型进行内生性检验。运用演化博弈模型方法来分析影响农村人口、普惠金融机构以及政府部门三方参与主体提升农村人口金融能力的行为策略及其影响因素。运用结构方程模型，从农村人口自身因素、政府及其他部门因素、普惠金融机构因素等方面实证分析了普惠金融发展中提升农村人口金融能力的影响因素。

四、学术思路创新

普惠金融发展促使普惠金融机构面向农村人口提供普惠金融产品和服务、开展普惠金融知识宣传等方式，实现农村人口金融能力不断提升。而农村人口金融能力提升通过准确表达有效的金融服务需求、精准辨识与理解金融产品和服务等方式，不仅可以提高普惠金融产品和服务的可得性，破解金融排斥或约束难题，还可以促使内生成长型的普惠金融发展模式形成和普惠金融机构财务可持续发展，进而实现普惠金融发展目标。

第二章　普惠金融发展中农村人口金融能力提升的概念界定和理论基础

第一节　相关概念界定

一、普惠金融的内涵

普惠金融是指在机会平等和商业可持续的基础上，能够以可负担价格为社会所有阶层，尤其是那些被传统金融体系边缘化的弱势群体提供有效的、合理的、全面的金融产品和服务。该概念最早于2005年联合国国际小额信贷年提出。随后，世界银行、联合国等国际组织以及各国政府开始致力于推动普惠金融发展。我国于2013年在中共十八届三中全会上明确提出发展普惠金融，并将此确定为国家战略。国务院于2015年出台了《推进普惠金融发展规划（2016—2020年)》，提出要有效满足人民群众的金融服务需求，明显提升金融服务满意度、获得性和覆盖率，不断完善普惠金融体系。2019年政府工作报告指出"激励加强普惠金融服务"，利用金融科技手段助力普惠金融服务体验和效率提升，促使金融服务精准触达目标客户。当前我国普惠金融重点服务对象是农村人口、城镇低收入人群等弱势群体，让这些弱势群体可以平等地获得金融产品和服务的机会，进而帮助弱势群体抓住投资机会，实现自我内生性脱贫发展（李明贤、周孟亮，2013）。

二、居民金融能力的内涵及其构成

综观国内外学术研究成果，居民金融能力的概念是在金融知识或金融素养的基础上延伸或拓展而来的。Bowen（1998）、尹志超（2014）、秦芳（2016）认为，金融知识体现于居民对金融基本概念或金融产品的了解程度，往往通过通货膨胀知识、利率知识、投资风险知识等来衡量。随后，人们发现个体不仅需要掌握理论金融知识，还需要运用金融技能才能不断优化金融决策行为，进而将金融知识发展为金融素养。Servon 和 Kaestner（2008）、Hung（2009）、Huston（2010）、张欢欢和熊学萍（2017）认为，金融素养不仅包括个体的金融知识，还包括个体运用金融技能去做金融决策，即金融应用。也有部分学者认为，金融素养可用金融知识指标来衡量，如 Xiao（2014）、胡振（2018）、吴卫星等（2018）、李建军和周叔媛（2019）认为，金融素养体现于个体对金融投资方式、金融产品、通货膨胀知识等金融知识的了解程度。还有部分学者认为，金融素养的衡量除了金融知识之外，还意识到金融意识、金融行为对衡量金融素养的重要性，如苏岚岚、孔荣（2019）认为，金融素养包括对贷款、储蓄、信用等金融知识了解，还包括金融风险意识、金融工具使用能力等。单德朋（2019）认为，金融素养包括个体对时间价值、通货膨胀等金融知识的了解，还包括对是否有养老规划、股票投资风险等与金融决策有关的行为。

学者从关注金融知识到慢慢关注金融技能、金融意识、金融行为，推动着研究成果从金融知识、金融素养向金融能力的过渡。Pathak，Holmes 和 Zimmerman（2011）、Taylor（2011）、Johnson 和 Sherraden（2007）、Finney 和 Hayes（2015）普遍认为，金融能力是居民运用金融知识、技能和意识去获取合适的金融服务和做出合理的金融决策行为，以实现各种福祉应具有的能力。Sledge，Tescher 和 Gordon（2017）认为，金融能力包括居民个体的金融知识、金融交流和金融参与行为。Kempson（2005）认为，金融能力的三个关键因素是金融信心和态度、金融技能、金融知识和理解力，这些因素与个体特征、外部环境共同影响到金融行为。Dixon（2006）认为，金融能力由金融知识、金融理解力、金融决策、实践技能和金融行为五部分组成。谭燕芝、彭千芮（2019）认为，居民金融能力由居民内在的金融素养和居民所在的外部环境提供金融服务可得性组成。World Bank

（2003）认为，居民金融能力是在给定社会经济环境下通过金融行动去获得最佳经济利益的内在能力，其构成包括金融知识、态度、技能和行为。

虽然目前国内外学者经常将金融能力与金融知识、金融素养相混用，但 Dixon（2006）、Rogers（2012）、Kempson（2013）、Sherraden 和 Ansong（2016）、李明贤和吴琦（2018）明确提出，居民金融能力比金融知识、金融素养具有更丰富的内涵，其更强调金融行为的重要性，主张就居民金融能力展开研究。Sherraden（2013）、Chowa、Ansong 和 Despard（2014）、Sherraden 和 Ansong（2016）认为，居民金融能力与金融素养的差别较大，金融能力将个体内在能力（往往用"金融素养"衡量）与外部环境（往往用"普惠金融"或"金融渠道"衡量）相结合，而金融素养仅强调个体如何做金融决策。

因此，在综合学者对金融能力内涵及构成研究的基础上，本书界定居民金融能力是指居民运用金融知识、金融技能和金融意识去利用外部环境而做出有效金融决策行为，以实现各种福祉应具有的能力。居民金融能力具体包括金融知识、金融技能、金融意识和金融行为四个构成部分。

三、农村人口的内涵及其划分

农村人口是指户籍为农业人口或常住在农村地区的人口。农村人口的划分依据一般以收入指标为主，也有使用能力指标、权利指标等多维指标。我国依据国家收入贫困线标准、"两不愁、三保障"等多维指标，并通过基层民主评议，已在全国农村范围内建立了扶贫对象建档立卡。该建档立卡包含人口年龄、性别、受教育程度、家庭成员数、收入、资产等各类信息，可以精准识别出农村低收入人口，有利于实现政府扶贫政策和措施直接到户到人，切实做到扶真贫、真扶贫，从而实现脱贫致富目标（汪三贵、曾小溪，2018；汪三贵、胡骏，2020）。因此，本书直接利用政府建档立卡贫困户的权威数据，将农村人口划分为农村低收入人口和非低收入人口。具体而言，将建档立卡贫困户中登记入册的人口直接认定为农村低收入人口，没有在建档立卡贫困户中登记入册的人口认定为农村非低收入人口。

四、农村人口金融能力提升的内涵和主要内容

农村人口金融能力是指农村人口运用金融知识、金融技能和金融意识并结合当前农村普惠金融发展、政府扶持政策等有利的外部环境而做出有效金融决策行为，以实现各种福祉应具有的能力。当前普惠金融在我国农村地区得到蓬勃发展，普惠金融机构大大增加了面向农村人口、农村小微企业等弱势群体提供普惠金融产品和服务的金融供给。然而，目前农村人口的金融需求却还没有得到完全满足和挖掘，其根源还在于农村人口的金融能力没有得到有效提升，导致农村人口容易形成自我排斥，还难以有效获得普惠金融产品和服务，面临着金融服务"最后一公里"的难题，难以通过金融扶贫方式来实现增收致富目标，也影响普惠金融可持续发展。此外，普惠金融机构提供的金融产品和服务也不一定能够真正地满足农村人口生产生活的实际需求，甚至有些金融机构打着"普惠金融"旗号为金融能力较低的农村人口提供那些难以理解的、高风险的、高服务费的金融产品和服务，导致损害农村人口的金融纠纷事件时有发生。农村人口由于金融能力普遍较低，难以通过合法渠道来维护其自身金融权益，也反过来降低了农村人口进一步参与金融活动的自信心和积极性，更引发其自我金融排斥问题，其金融能力难以提升，进而形成了一个恶性循环。

为此，在当前我国农村普惠金融发展背景下，需要重视农村人口金融能力提升问题。依据居民金融能力的内涵及其构成，农村人口金融能力提升的主要内容包括四个方面：①金融知识。反映农村人口对利率知识、小额贷款知识、保险知识、投资风险知识等金融知识的理解情况。②金融意识。反映农村人口在金融活动实践中不断产生金融投资意识、金融风险意识等主观意识。③金融技能。反映农村人口掌握处理金融问题的技能与本领。④金融行为。反映农村人口参与各种金融活动的行为。农村人口通过不断地增加金融知识、增强金融意识、加强金融技能和优化金融行为，从而可持续地提升其金融能力，成为促使农村人口实现长久增收和持续致富的内生动力。

同时，农村人口金融能力提升是一个动态变化过程。农村人口的金融知识和技能的动态积累、金融意识的不断提高、金融行为的不断优化等内容都可以诠释出农村人口金融能力不断提升过程。Taylor（2011）认为，绝大多数个体金融能力只有一年，到下一年会发生微小变化。因此，本书认为，由于农村人口自身受教育程度较低、接触普惠金融产品和服务的有限性等原因，会导致其金融知识和技能积累有限、金融意识提高较难、金融行为优化较难等，其金融能力提升是一个较为缓慢的过程。从短期来看，农村人口金融能力是一个相对静态过程；从中长期来看，农村人口金融能力是一个动态变化过程。当然，农村人口通过积极坚持"干中学"、参加金融教育和指导培训、参与金融活动等方式，都会促使农村人口金融能力的提升。

第二节　普惠金融发展中农村人口金融能力提升的相关理论

一、普惠金融理论

普惠金融理论主张"人人具有平等金融权"的理念，认为平等的金融权也是一种基本的人权（Yunus，2008）。普惠金融理论强调把农村人口、农村小微企业等弱势群体纳入普惠金融体系中，让这些弱势群体成为普惠金融体系中的合法客户（焦瑾璞、陈瑾，2009）。该理论要求公平对待包括农村人口在内的每一位客户，以保障每一位农村人口享受到金融发展权。农村人口金融发展权具体包括金融知情权、金融产品和服务获得权、自主选择权、受教育权、求偿权等，通过这些金融权利来确保农村人口享有现代金融产品和服务、金融教育等权利和机会，以此可以分享经济增长带来的福利增进（李明贤、罗荷花和叶慧敏，2018）。其中，金融知情权是指农村人口有权获得自己购买的金融产品和服务的价格、风险程度、收益等信息情况，从而有利于农村人口做出金融决策。金融产品和服务获得权是指农村人口以合理价格、公平获得存款、取款、转账结算、理财等金融权利。自主选择权是指农村人口可以依据自己需求和意愿选择金融机构和金融产品，不受任何其他单位和个人干预的权利。受教育权是指农村人口享有接受金融产品信息、金融产品选择、金融权益保护等金融教育的权利。求偿权是指农村人口在参与金融活动利益受损时，享有解决金融纠纷、获得利益补偿的权利，可以通过自我解决、寻求金融机构、行业协会和政府部门帮助等方式实现。随着我国农村普惠金融发展战略持续推进，可以促使农村人口金融发展权的不断落实，有效消除传统金融机构对农村人口的金融歧视以及因金融歧视而带来社会不公平、不公正的现象，可以帮助农村人口获得合适的金融产品和服务、金融指导和教育等，并由此不断提升农村人口金融能力，进而帮助农村人口顺利地开展经营活动，以此赚取收入和实现致富目标。

虽然普惠金融在我国农村地区得到快速发展，但金融机构在实践过程中还是容易出现"目标偏移"，导致偏远地区农村人口难以获得所需的金融服务、缺乏金融权利主体意识，掌握金融知识和技能较差、参与金融活动的能力不足等现象，其根源在于农村人口没有享受到与城市人口同等的金融发展权（潘施琴，2012）。为此，在推行农村普惠金融发展过程中需要保障好农村人口享有每一项金融发展权，只有以农村人口享有金融发展权为起点来促使农村人口提升金融能力，才能让农村人口获得金融产品和服务，促使普惠金融目标的真正实现。具体而言，普惠金融机构通过金融知识宣传、金融教育指导等方式来激发农村人口的金融权能意识，不断提高农村人口获得金融产品和服务的金融知识和技能，并积极参与金融活动，进而能够有效地提升农村人口金融能力。

二、能力理论

（一）可行能力理论

能力理论的先驱研究者是阿玛蒂亚·森（2002），他在《以自由看待发展》一书中提出了可行能力理论。可行能力是个体有可能实现的、选择各种相互替代的功能性活动组合，反映个体能过有价值生活的实质性自由。简言之，个体能力是一种自由。个体拥有这种实质性自由包括个体在社会境况下所享有的机会和按自己标准选择最优组合的过程，而个体往往通过实际选择而表现其能力。个体能力差异在于个体之间可行能力集是不同的，而可行能力集反映个体所拥有的可选机会。虽然个体在决策过程中某些机会可能没有利用，但那些没有被选中的机会都是非常重要的，因为这些可选机会可反映出可行能力的价值。

可行能力是个体所拥有的实质自由，而自由是个体发展的首要目的和重要手段，人们往往会依据个体拥有的能力来判断个人发展和处境。基于此视角，农村人口发展和农村贫穷问题不仅是农村人口收入水平低下，而且应该还包括农村人口基本可行能力的被剥夺。农村人口由于能力被剥夺和机会缺失，会导致个体缺乏享受生活、无法及时获取收入、缺乏受教育权、缺乏获得金融服务权等问题。

农村人口的可行能力剥夺可能会比收入衡量出来的贫穷状况更为严重，其被认为是一种"真实贫穷"。为此，基于可行能力理论，个体想要实现有价值生活的实质自由，可以不断拓展个体所拥有的可行能力。农村人口需要不断提高个体金融能力，减少其可行能力剥夺情况和减轻剥夺程度，让个体可以拥有更多可选择机会，做出更多选择，帮助农村人口实现自由和发展，进而实现增收致富目标。

（二）核心能力理论

玛莎·纳斯鲍姆（2011）在阿玛蒂亚·森提出的可行能力理论基础上，提出了核心能力理论，也可以理解为多元能力理论或混合能力。到底什么是能力呢？"个体可以做些什么以及能够成为什么"，这一问题的回答就是能力。从本质上来说，能力理解可认为是森提出的"实质性自由"，即个体有可能实现的、选择各种相互替代的功能组合。纳斯鲍姆将"实质性自由"称为混合能力，认为能力不仅是个体的内在能力，还包括个体内在能力与周边的社会、经济等环境结合所形成的机会。混合能力是一种复数的能力，揭示了能力的复杂性和多元性。

纳斯鲍姆（2016）认为，个体能力的特性除了机会之外，还有一个特性就是运作。运作是指能力的积极实现，也可以理解为是能力实现的存在和行动。能力可以以某种方式转化为运作，促使能力具有重要性。如果个体拥有能力，但没有运用其能力，说明该个体能力是被闲置和无意义的。假如一个社会只赋予个体具有完全的能力，而没有促使个体将能力转化为运作，则认为该社会也是不够健全的。

在深刻理解能力特性的基础上，才能从内在能力、外部环境两方面去寻求培育与提升个体能力的途径（Nussbaum，2011）。纳斯鲍姆认为，个体能力提升不仅是个体内在能力提升，也包括有利的外部环境，是混合在一起的。个体内在能力是可以通过教育体制、强化健康资源、金融指导等途径发展或训练出来的能力。除了内在能力培育，社会还需要创造一个实践内在能力的有利外部环境。如果一个社会失去实践的机会，那么个体内在能力也有可能会得而复失。目前社会中不平等、不公正现象在一定程度上会导致那些因歧视或边缘化的农村人口的能力缺失。为此，每个个体都需要得到平等关注和尊严对待，弱势群体更应该获得更多支持去超越能力底线（Nussbaum，2000）。农村人口金融能力培育与提升需要不断提升个体内在金融能力和创造有利外部条件，促使他们获得最低金融能力水平或门槛，才能拥有更多的选择机会和金融行为，才能实现个体实质性自由的拓展。

（三）金融可行能力理论

玛格丽特·谢若登在阿玛蒂亚·森的可行能力、玛莎·纳斯鲍姆的核心能力等理论基础上，考虑个体金融决策受到个体自身能力以及整个金融经济环境的影响，从而提出金融可行能力理论。谢若登认为，在当前经济增长不平等和金融发展不稳定日益加剧的时期，众多家庭面临着两种主要挑战：一是在日渐复杂的金融环境中，家庭成员缺乏金融知识和金融技能而难以做出最优的金融决策；二是家庭缺乏获取合适的金融产品和服务渠道来增加未来的金融信心和金融福祉。为此，Sherraden（2010）、Sherraden（2013）、Sherraden 和 Ansong（2016）、Birken-maier，Sherraden 和 Collins（2018）对金融能力的定义、金融能力的构成、金融能力与金融素养的区别、金融能力与金融资产、提升金融能力的举措等内容展开阐述。

金融能力是将个体能力和外在机会结合起来，个体依据其金融目标做出金融决策，具体包括行动的能力和行动的机会两部分（Johnson 和 Sherraden，2007）。行动的个体能力用金融素养来衡量，具体包括金融知识、金融技能，是指个体能够运用金融知识和技能去选择合适的金融产品和服务。行动的外在机会通过普惠金融来衡量，具体包括提供金融产品和服务的渠道、获取金融教育和指导等。行动的个体能力和行动的外在机会有效组合在一起产生了金融可行能力（Sherra-den，2013）。个体拥有金融能力，且能够获得合适的金融产品和服务，才有利于个体实现金融稳定及福祉，如图 2 - 1 所示。

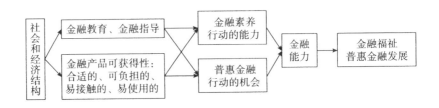

图 2 - 1　谢若登的金融可行能力的框架

为了有效提升农村人口金融能力，不仅要提高农村人口的金融知识和技能，也需要增加金融产品和服务的供给渠道。通过金融教育和金融指导方式可以提高农村人口的金融知识和技能，能够做出金融决定和优化金融行为。普惠金融机构提供合适的金融产品和服务可以有效增加行动的机会。为此，金融知识和技能与普惠金融发展之间的有效组合产生与提升金融能力。然而，主流的金融产品和服务不是为了农村人口设计，且农村人口也缺乏相关的金融知识和技能，导致农村人口难以获得所需的金融服务，难以改善其金融福祉。

虽然我国普惠金融发展为农村人口提供多样化的普惠金融产品和服务，但由于农村人口的金融知识和技能有限，导致有些普惠金融产品和服务并没有得到充分利用。为此，农村人口需要通过金融教育、金融建议和指导等方式提高农村人口行动的内在能力。同时，金融机构提供金融产品和服务并不一定真正适合农村人口。对于农村人口而言，普惠金融机构设计的金融产品和服务应当尽可能操作简单、信息透明和容易理解。为此，普惠金融改革可以促使金融机构践行"普惠"理念，促使低门槛的、合适的金融产品和服务触达农村人口手中；也可以通过信息技术降低为农村人口提供金融产品和服务的成本。政府制定消费者保护条款和规则也可以保护农村人口免遭受或少遭受不安全金融产品和服务的损失。普惠金融发展为农村人口金融能力提升提供行动的机会。

三、行为金融学理论

传统经济学理论认为人是理性经济人，理性经济人在行动决策过程中同时具备"经济"和"理性"特征（西蒙，1989）。并且，理性经济人拥有能够与外界环境相处的相当丰富甚至是绝对完整的各种知识。理性经济人还认为可以构建出一个很稳定、有条理的偏好体系，具备非常强的计算技能，能够计算出所有备选行动决策方案，并选择出偏好最优的方案。

而行为金融学放松了理性人假设，认为现实中的人是有限理性的。由于人类生理能力和人类掌握知识的有限性，导致决策者无法掌握决策所需要的全部信息，决策者追求有限理性。如决策者的计算能力、信息能力、决策能力等有限性，决策者不可能把所有备选行动决策方案列出，难以选择出最优方案。决策者往往会凭借自己的偏好习惯、过去经验等，运用简单方法进行决策，致使决策结果有差异。同时，决策者往往拥有多元的目标，目标之间容易出现相互冲突与抵触现象，难以形成统一标准。决策者的有限理性制约其做出完全理性的决策，只能在自身能力范围内、在现有备选决策方案中选择一个满意标准，而不会一直寻找最优的方案。因此，有限理性人的决策标准是以满意标准，而不是以最优化标准（卢建，2015）。可见，有限理性人的决策结果与决策者自身能力、偏好习惯、外部环境及条件等有关。由于行为金融学关注的是个体能力差异、偏好习惯、外部环境及条件等因素变化带来个体行为变化，其观点更加接近现实和解释现实。农村人口往往居住在偏远的农村地区，其生产经营活动容易受到周边恶劣的自然环境或不利外部条件的制约，其自身拥有较低水平的计算能力、信息能力、认知能力等，都会影响农村人口的个体决策行为，但这些金融行为或活动为有限理性行为。因而，提升个体金融能力、改善外部环境及条件等，可以不断优化农村人口的金融决策行为，从而提高个体行为而带来效益。

丹尼尔·卡尼曼（2012）也认为，个体行为和决策不是完全遵循"理性经济人"和"效益最大化"，大多数个体思维是有偏差的。人类大脑有快思考和慢思考两种思考方式，对应着直觉思维和理性思维。直觉思维是个体依靠经验、情感、直觉、记忆等对信息做出快速判断和反应，往往具有无意识性，容易受到误导，做出错误判断。理性思维是个体依靠投入更多脑力思考、调动注意力分析和解决问题，往往具有主动性和计划性，思考速度和过程虽慢，耗费更多的能量，需要花费大量时间和精力练习，但决策不容易出错。个体在做决策时，直觉思维和理性思维会相互配合，直觉思维先会做出快速判断，进而理性思维调动更多信息进行判断。但现实生活中，个体的理性思维难以被调动和产生惰性，使个体在决策活动中容易出现偏差和决策失误。农村人口在金融决策和行为过程中更容易出现认知偏差和决策失误，其原因在于：①农村人口由于理解能力、认知能力、收集信息能力等能力有限，而目前金融市场中金融产品和服务的种类日益繁多、概念难以理解、价格构成复杂等，使农村人口做出最优的金融决策是一件非常困难的事。农村人口做金融决策时，也会有直觉思维和理性思维相互配合和调整过程，但快速反应的直觉思维往往占上风。为此，农村人口的金融决策容易出现偏差问题。②不同的农村人口对金融产品和服务的需求是不一样的，很难从别人的金融决策中获取经验。同时，由于金融产品和服务更新速度快，农村人口也很难从自我多次金融交易中获得金融产品和服务的特征、收益、风险等信息，其往往需要掌握更多信息和技能才能做出合理的金融决策。因此，为了有效减少农村人口在金融决策和行为过程中的认知偏差和决策失误，可以不断提升农村人口金融能力，以此训练其理性思维，能够在面临纷繁复杂的金融产品和服务时能够做出最正确的、最优化的金融决策。

四、人力资本理论

舒尔茨构建了现代人力资本理论体系，被誉为"人力资本之父"。1960年舒尔茨在美国经济学会进行《人力资本投资——一个经济学的观点》的主题演讲，首次提出了人力资本的概念。随后，Schultz（1961）在《美国经济评论》发表《人力资本投资》论文，进一步阐述人力资本及其人力资本促进经济增长的思想。人力资本是指劳动者身上的资本类型，是劳动者拥有的健康情况、体力状况、技能水平、知识程度等方面的综合。人力资本可以用劳动力质量和数量两部分来衡量。以健康、知识、技能和能力的劳动者质量比劳动者数量和物质资本对一国经济增长的贡献和影响要大得多。他指出，人力资本匮乏或忽视人力资本投资是国家经济发展落后的根源。Grossman（1972）提出"健康资本存量"，认为健康资本是人力资本的重要组成部分。Gans（1972）也认为低收入者自身拥有较低的天赋，或者个人努力程度不够，或者不愿意花费成本去获得更高的教育和在职培训等原因，低收入者由于这种人力资本不足导致能力缺乏，只能从事那些工资收入报酬较低的工作，而低收入容易使人陷入贫穷状态。

因此，通过对低收入者提供学校教育投资、成人教育投资、在职培训、迁移投资、医疗卫生保健投资等（尹飞霄，2013），可以有效形成与提高人力资本，可以显著地提高劳动者素质，获得生产经营或重要工作的机会和能力，以此提高收入和摆脱贫穷状态，也可以为国家经济持续增长提供原动力。换句话说，人力资本投资成为推动个体发展和经济社会进步的决定因素。人力资本投资收益率是所有投资形式中最高的，超过了其他一切形态的资本（陈浩，2007）。Arrow（1962）指出，个体在生产产品、提供服务等过程中通过学习、思考等方式可以获取知识和积累实践经验，进而实现技术进步的内生化，有助于提高生产效率和促使经济增长，进而提出"干中学"模型。"干中学"会促使个体知识总量的增加，进而也提高个体的人力资本水平。个体教育投资和在职培训可以提高个体的技能、丰富个体的知识、提升个体的能力，并通过"干中学"方式实现人力资本水平的不断提高。

农村人口金融能力是一个不断提升过程。农村人口通过"干中学""用中学"等方式不断积累了知识、技能、经验和能力，不断提升其人力资本水平和金融能力，能够规避、降低和化解金融风险，做出正确的金融决策，进而提高家庭收入水平，实现增收致富目标。农村人口具体可以通过金融知识宣传、金融教育培训等途径进行"干中学"，促使农村人口持续地提升金融能力和提高家庭收入水平，使"干中学效应"更加显著。

第三节　普惠金融发展与农村人口金融能力提升之间的关系

一、普惠金融发展对农村人口金融能力提升的影响

普惠金融成为目前金融发展的新趋势和新动向。普惠金融强调金融的普遍惠及性，旨在为所有阶层尤其是农村人口、涉农小微企业、城镇低收入者等弱势群体提供所需要的普惠金融产品和服务，让那些被传统金融机构排斥在外的弱势群体也可以通过使用金融方式来分享经济增长和金融发展带来的红利。目前普惠金融在我国农村地区得到了蓬勃发展，促使面向农村人口提供普惠金融业务的农村普惠金融机构逐渐增多，不断完善着我国农村普惠金融体系。农村普惠金融机构积极面向更广泛的、更贫穷的农村人口提供普惠金融产品和服务，实现普惠金融广度和深度的不断拓宽；提供宣传普惠金融知识、开展普惠金融教育与培训活动，实现金融知识和技能训练在农村人口传播；提供更多接触金融活动的渠道和机会，让农村人口更多参与到金融活动当中，以此促使农村人口金融知识增加、金融意识培育、金融技能增强、金融行为优化，从而实现农村人口金融能力不断提升，如图 2 - 2 所示。

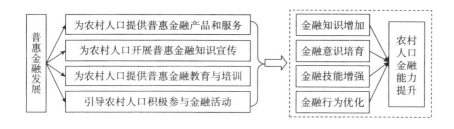

图 2 - 2　普惠金融发展对农村人口金融能力提升的影响机理

（一）为农村人口提供普惠金融产品和服务

目前，我国大多数农村人口分散地居住在相对偏远的集中连片特困地区，其难以以合适的价格便捷地获得传统金融机构的金融产品和服务，面临着较为严重的金融服务歧视和自我排斥问题。农村普惠金融机构则以"普惠"为理念，开发与创新适合不同类型的农村人口金融需求的普惠金融产品和服务，促使其普惠金融产品和服务不断延伸至更偏远、更贫穷的农村人口手中。农村普惠金融机构针对那些无充足抵押担保品的、有强烈的发展意愿和发展能力、有真实金融需求的农村人口提供可供选择的信贷、存款、保险等一系列的普惠金融产品和服务，满足其对金融服务的多样化需求，有利于提高普惠金融产品和服务的可得性、覆盖率和满意度，从而消除金融歧视所带来的不公平现象，以此实现金融的普惠公平。

（二）为农村人口开展普惠金融知识宣传

农村普惠金融机构在提供普惠金融产品和服务的同时，面向农村人口开展普惠金融知识宣传活动，可以不断减少或消除农村人口对普惠金融产品和服务的认知偏差，增加对普惠金融产品和服务的认知度和理解度，从而有利于农村人口做出合理且科学的金融决策。然而，目前农村地区各金融机构设计的金融产品和服务日趋复杂化和多样化，而农村人口往往处于信息的劣势方，既难以理解金融产品和服务的条款内容、真实的收益与风险情况等，也难以处理金融困惑、金融纠纷事件，容易误导农村人口做出一些错误的、不合理的、非理性的金融决策。农村地区某些非法金融机构甚至还出现打着"普惠金融"幌子，向农村人口尤其低收入人口误导销售"高利贷""非法集资"等一些非法金融产品和服务，让农村人口容易面临过度负债或遭受金融损失的问题，带来新的金融风险（李明贤、唐文婷，2017）。Chowa，Ansong 和 Despard（2014）、Sledge，Tescher 和 Gordon（2017）等研究发现，数字普惠金融虽然有效提升农村地区金融服务的覆盖面，促使有些农村人口可以使用手机银行，但有些农村人口由于数字技术知识与技能受限，可能还是无法正确使用手机银行或电子设备，更容易产生"数字鸿沟"问题，导致农村人口在金融数字化时代与主流社会的差距反而越拉越大了。为此，农村普惠金融机构针对农村人口开展普惠金融最新政策、普惠金融产品和服务、数字普惠金融、手机银行知识等普惠金融知识宣传活动至关重要，可以有效提升农村人口金融能力，有效解决"数字鸿沟"问题。

（三）为农村人口提供普惠金融教育与培训

由于农村人口金融能力普遍较低，难以正确认知与接受各种形式多样的普惠金融产品和服务，难以真正参与到各类金融活动当中。农村普惠金融机构在面向农村人口提供普惠金融产品和服务、金融知识宣传活动的同时，往往还亟须向农村人口提供普惠金融教育与培训指导。农村普惠金融机构提供普惠金融教育、普惠金融培训与指导等活动，让农村人口通过参与这些培训活动来掌握辨识和合理运用普惠金融产品和服务的知识与技能、培养金融投资与风险意识、正确做出金融选择与决策等。农村普惠金融机构需要将金融教育与培训内容贴近生活化、金融教育方式实现小视频、图片、广播等多样化、金融教育与培训指导和现有农村金融产品的相融合方式等，不断地提高农村人口参与金融教育与培训指导的积极性和主动性，增强农村人口运用金融资金支持生产经营活动的能力，进而实现其金融能力不断提升。

（四）引导农村人口积极参与金融活动

农村人口通过普惠金融机构不仅能够平等地、及时便捷地获取所需的普惠金融产品和服务，还可以积极参与到机构开展普惠金融知识宣传活动、普惠金融教育与培训活动等各项金融教育活动当中。农村普惠金融机构为农村人口提供了更广泛、更深入地接触金融活动的渠道和机会，可以引导农村人口积极参与各项金融活动。农村人口积极参与金融活动，能够充分享受到公平缔约金融合同、自由选择金融产品、合理获取金融产品收益等金融权利，且也能有效保护农村人口合法的金融权益。农村人口在参与金融活动过程中，可以通过不断参与实践来积累金融活动的经验，不断地增加对金融产品和服务的种类、收益与风险、责任与义务等认知状况，提高运用普惠金融产品和服务的技能，持续培育和提高其金融意识，不断做出合理金融决策与优化其金融行为，进而促使农村人口金融能力不断提升。

可见，农村普惠金融机构通过为农村人口提供合适的普惠金融产品和服务、为农村人口开展普惠金融知识宣传、为农村人口提供普惠金融教育与培训、引导农村人口积极参与金融活动等方式，不断地促使农村人口的金融知识增加、金融意识培育、金融技能增强、金融行为优化，从而实现农村人口金融能力不断提升。

二、农村人口金融能力提升对普惠金融发展的影响

普惠金融发展的最终目标：一是为所有阶层尤其是农村人口、小微企业等弱势群体提供所需的普惠金融产品和服务，提高弱势群体获取普惠金融产品和服务的可得性，以破解弱势群体面临的金融排斥或金融约束问题，即实现普惠金融发展的社会目标（周立，2014；周洋等，2018）；二是形成内生成长型的普惠金融发展模式，使普惠金融机构实现可持续发展，即追求普惠金融机构的财务目标；三是实现双重目标（社会目标与财务目标）的共同协调发展（张正平，2011；陆远权、张德钢，2011；杨亦民，2018；周孟亮、罗荷花，2019）。

如果农村人口拥有金融知识的不足、金融技能的缺乏等自身金融能力较低，就会使其难以准确理解金融合同条款、难以应对复杂繁琐的金融流程、无法正确辨识金融产品和服务的合法性、真实性的收益与风险性等，很容易被主流的传统金融机构边缘化。农村人口长期被传统正规金融机构排斥在外，导致其获取金融产品和服务的可得性较低，甚至还会出现对金融机构存在怀疑心态和敌视心理。长此以往，传统金融机构也不愿意为那些金融能力较低的农村人口提供普惠金融产品和服务，容易出现金融机构对农村人口的金融排斥现象（Kempson 和 Whyley，1999；王修华等，2013）。同时，金融能力水平较低的农村人口不仅面临机构的金融排斥，难以以合适价格获得所需的普惠金融产品和服务，还容易出现自我无法准确表达有效的金融需求或抑制表达其真实金融需求，其参与金融活动的自信心和动力明显不足，甚至较少参与或不愿意参与金融活动，从而形成了典型

的自我金融排斥现象（许圣道、田霖，2008）。金融能力水平较低的农村人口也很容易遭受到金融机构的诱导而购买不适合自身需要的金融产品和服务，或购买非法机构提供的非法金融产品，导致其容易遭受金融损失或金融诈骗现象，侵害了农村人口的合法金融权益，也会加重其自我排斥现象。另外，金融能力水平较低的农村人口，其风险承担能力也较差，难以正确评估金融产品和服务的适当性、收益与成本、风险性等，更容易做出不合理的、非有效的金融决策，导致其自我金融排斥问题也越发严重。此外，农村人口金融能力较低，也制约了农村人口和传统金融机构的良性互动发展，出现难以破解农村人口金融排斥难题和普惠金融机构难以实现可持续发展难题，其社会目标和财务目标也难以实现协调发展，由此形成一个"农村人口金融能力较低，导致普惠金融难以持续发展"的恶性循环。

为此，农村人口金融能力提升可以有效打破这一恶性循环。农村人口金融能力的不断提升，可以帮助农村人口准确表达有效的金融服务需求、精准辨识与理解金融产品和服务、科学做出合理的金融决策与行为、与普惠金融机构形成良性互动等，来影响普惠金融发展最终目标的实现。农村人口金融能力的不断提升，可以促使农村人口提高普惠金融产品和服务的可获得性，破解其面临金融排斥或金融约束难题，从而实现农村普惠金融机构的社会目标；还可以促使普惠金融机构依据农村人口需求，自下而上地开发与创新更多适合的普惠金融产品与服务，实现机构盈利收入的增加，促使普惠金融机构财务可持续发展和内生成长型的普惠金融发展模式形成，实现农村普惠金融机构的财务目标，进而实现农村普惠金融机构的社会目标和财务目标的协调发展。

因此，接下来本书从理论上分析农村人口金融能力提升对普惠金融发展的社会目标和财务目标的影响，即分别探讨农村人口金融能力提升对普惠金融服务可得性的影响和农村人口金融能力提升对普惠金融发展模式的影响。

（一）农村人口金融能力提升对普惠金融服务可得性的影响

农村人口金融能力提升通过准确表达有效的金融服务需求、精准辨识与理解金融产品和服务、科学做出合理的金融决策与行为、与普惠金融机构形成良性互动等方式，促使农村人口提高金融机构的普惠金融产品和服务的可得性，破解金融排斥或金融约束难题，进而实现普惠金融发展。

1. 准确表达有效的金融服务需求

农村人口金融能力提升，可以促使农村人口能够准确地表达出自身的金融服务需求，提高金融机构的普惠金融产品和服务的可得性，并积极通过金融方式参与到经济活动当中，有效破解农村人口的自我排斥难题，享受金融产品与服务所带来的福利增进。

2. 精准辨识与理解金融产品和服务

农村人口金融能力提升，可以帮助农村人口精准地辨识与理解普惠金融产品和服务，准确阅读与理解金融合同与条款，尤其是金融合同中各种格式条款、免责条款等。金融能力越高的农村人口，其越能明确自身在购买金融产品和服务的权责与义务，对比各种金融产品和服务的收益与风险，避免因误解而导致金融纠纷事件或金融损失事件，有利于提高农村人口获取各种普惠金融产品和服务的自信心，从而提高其可得性，破解金融机构对农村人口设置的条件排斥、价格排斥、地理排斥等金融排斥问题。

3. 科学做出合理的金融决策与行为

农村人口金融能力提升，可以促使农村人口树立理性的金融投资理念，增强其金融风险意识和风险防控能力。农村人口在积极参与金融活动、主动接触金融市场和金融机构当中，能够时刻保持理性和审慎性，科学地做出有效的金融决策，进而提高金融产品和服务的可得性，以此更好地破解其自我排斥难题。

4. 与普惠金融机构形成良性互动

农村人口金融能力提升，可以与普惠金融机构的工作人员更便捷地沟通和交流普惠金融产品与服务，实现两方之间的信息对称与共享。农村人口能够选择与获取适合自身需求的普惠金融产品与服务，提高其可得性和满意度，可以有效破解金融排斥或金融约束难题，从而通过金融方式来实现分享经济增长的红利，实现农村人口收入增加和致富的目标。

（二）农村人口金融能力提升对普惠金融发展模式的影响

普惠金融发展模式一般分为外生主导型和内生成长型两种模式，两种发展模式有各自的优势和特点。

1. 外生主导型普惠金融发展模式

该模式是指政府主导和控制下实施自上而下的普惠金融改革，属于政府强制性的金融制度变迁（李明贤、罗荷花和叶慧敏，2018）。该种模式下，普惠金融机构往往遵照或响应政府政策号召，简单复制传统金融机构的已有金融业务，为农村人口、小微企业等经济主体提供同质化较为明显的金融产品和服务，而较少考虑经济主体真实的金融需求。金融机构在设计或提供金融产品和服务时，一般会附带一定的政策性优惠，其贷款利率相对较低或零利率，政府财政提供全部或部分的利息补贴（宗民，2019）。因此，外生主导型普惠金融发展模式可以利用政府力量在经济主体尤其是农村人口等弱势经济主体当中能够快速推广普惠金融产品和服务，有利于短时间内提高普惠金融产品和服务的可得性和覆盖面，短期成效非常显著。但从长期来看，外生主导型普惠金融发展模式下政府财政负担往往较重，容易导致金融机构产生大量不良资产，使普惠金融机构难以实现机构可持续发展，即机构财务不可持续；也容易产生"目标偏移"现象，制约农村人口获得普惠金融产品和服务，最终真正影响了普惠金融发展目标的实现。

2. 内生成长型普惠金融发展模式

该模式是指经济主体引起自下而上的普惠金融改革，属于市场诱致性的金融制度变迁。该种模式下，农村人口、农村小微企业等经济主体积极参与，充分反映其偏好和利益，并通过市场力量来引导经济主体的参与意识培养和能力提升，发展内生性的普惠金融机构。内生性的普惠金融机构会依据经济主体的市场行为和真实金融需求进行普惠金融产品和服务的设计与创新，可以有效满足经济主体的金融服务需求，提高其普惠金融产品和服务的可得性，以破解金融排斥或约束难题，实现社会目标；也可以扩大金融机构对普惠金融产品和服务的覆盖面，提高其销售收入，促使机构财务可持续发展，实现财务目标，进而实现普惠金融发展目标。当然，这个过程中，政府不是完全"无为"角色（周孟亮，2016）。内生成长型普惠金融发展模式也需要利用政府力量和作用，如通过政府来培育与引导经济主体的参与意识培养和能力提升，通过政府税收优惠政策、补贴政策等降低内生性普惠金融机构的门槛和大力促使普惠金融机构发展等。

如果农村人口自身金融能力较低，无法准确表达其金融服务需求，无法正确使用普惠金融产品和服务，也难以做出参与金融活动的决策与行为，使普惠金融机构的金融产品和服务很难真正触及农村人口手中，面临着"最后一公里"难题。同时，农村人口无法与普惠金融机构实现互动，普惠金融机构设计针对农村人口的金融产品和服务，往往是响应政府号召而直接复制现已有城市居民的金融产品和服务，却忽视农村人口真实需求而创新设计不适合的普惠金融产品和服务，导致其无法满足农村人口的需求。普惠金融机构的金融产品和服务销售不畅，无法为普惠金融机构带来盈利收入，难以产生经济效益和社会效应，难以实现机构财务的可持续发展，也难以在农村地区真正形成内生成长型的普惠金融发展模式。

农村人口金融能力提升，可以促使普惠金融机构重视农村人口真实金融需求，可以依据不同类型农村人口准确表达出来的真实的、有效的金融服务需求，自下而上地开发与创新适合农村人口个性化的、差异化的普惠金融产品和服务，解决当前金融供需的错配问题。农村人口金融能力提升，不仅可以破解农村人口的金融排斥难题，还可以促使普惠金融机构的金融产品和服务销售量的增加，加速推广农村普惠金融业务，为普惠金融机构带来一定的盈利收入和利润来源，从而实现普惠金融机构可持续发展，促使发展内生性的普惠金融机构，在农村地区慢慢形成内生成长型的普惠金融发展模式。同时，农村人口金融能力提升，能够精准地辨识与理解普惠金融产品和服务，能够科学做出合理的金融决策与行为，促使普惠金融产品和服务在农村人口的可接受范围更大和程度更深，从而增加普惠金融产品和服务的盈利收入，进而促进普惠金融机构的可持续发展。同时，金融能力越高的农村人口可以成为普惠金融体系的构建者和活跃因素，并与普惠金融机构之间实现良性互动，促使普惠金融机构的工作人员更准确了解农村人口的信贷、存款、保险等一系列真实的金融需求和市场行为，提供更合适的普惠金融产品和服务、金融教育与培训指导等，推动普惠金融机构创新和制度完善，不仅可以破解农村人口金融排斥难题，实现社会目标；还可以挖掘更多的潜在客户，有利于发展普惠金融机构，促使机构财务可持续，实现财务目标，并最终实现社会目标和财务目标的协调发展。

可见，农村人口金融能力提升益于促进普惠金融发展。农村人口金融能力提升，可以促使农村人口实现准确表达有效的金融服务需求、精准辨识与理解金融产品和服务、科学做出合理的金融决策与行为、与普惠金融机构形成良性互动等方式，进而不仅可以提高普惠金融产品和服务的可得性，破解金融排斥或约束难题，实现社会目标；还可以促使内生成长型的普惠金融发展模式形成，推动普惠金融机构创新和制度完善，促使普惠金融机构财务可持续发展，实现机构财务目标，达到农村普惠金融机构的社会目标和财务目标的协调发展，进而最终实现普惠金融发展目标。由此，相关部门应从需求端来不断提升农村人口金融能力，实现农村人口的金融需求与金融机构提供普惠金融产品和服务的金融供给之间相匹配，有效提高经济效益和社会效应，进而实现农村人口金融能力提升与普惠金融发展的良性循环，如图2-3所示。

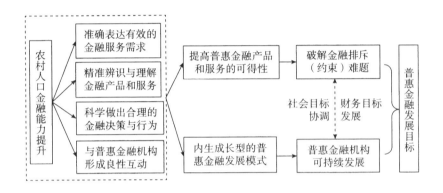

图2-3　农村人口金融能力提升对普惠金融发展的影响机理

第四节　本章小结

　　本章在阐述普惠金融的内涵、居民金融能力的内涵及其构成、农村人口的内涵、农村人口金融能力提升的内涵和主要内容的基础上，通过普惠金融理论、能力理论（可行能力理论、核心能力理论、金融可行能力理论）、行为金融学理论、人力资本理论等介绍普惠金融发展中农村人口金融能力提升的相关理论，进而从理论上阐述普惠金融发展与农村人口金融能力提升之间的互动关系。普惠金融发展促使普惠金融机构面向农村人口提供合适的普惠金融产品和服务、开展普惠金融知识宣传、提供普惠金融教育与培训等方式实现农村人口金融能力不断提升。而农村人口金融能力提升通过准确表达有效的金融服务需求、精准辨识与理解金融产品和服务等方式，不仅可以提高普惠金融产品和服务的可得性，破解金融排斥或约束难题，实现社会目标；还可以促使内生成长型的普惠金融发展模式形成，推动普惠金融机构创新和制度完善，促使普惠金融机构财务可持续发展，实现机构财务目标，达到农村普惠金融机构的社会目标和财务目标的协调发展，进而最终实现普惠金融发展目标。农村人口金融能力提升与普惠金融发展之间可以实现良性循环。

第三章　普惠金融发展中农村人口金融能力提升的现实举措

由于我国农村地区金融市场缺乏竞争、金融资源配置效率较低、农村金融基础设施发展相对滞后、农村人口难以获得金融服务等，决定了农村地区是我国普惠金融的主战场（焦瑾璞、王爱俭，2015；张正平、杨丹丹，2017）。2013 年，中共十八届三中全会首次将"普惠金融"正式写入党的决议，并明确提出"发展普惠金融"；2015 年国务院印发了普惠金融发展规划，从国家层面来发展普惠金融；2017 年全国金融工作会议上提出要"建设普惠金融体系"，通过积极发展普惠金融来支持"三农"等薄弱环节；这些政策与举措均会促使普惠金融积极为农村人口提供所需的金融服务。普惠金融倡导为农村人口、农村小微企业等弱势群体提供方便快捷、价格合理、品种多样的普惠金融产品和服务，帮助他们利用这些金融资源和机会来顺利开展农业扩大再生产、创业、个体工商经营等活动，并积极参与到经济活动当中，分享经济增长带来的红利，实现农村人口家庭收入的增加，进而实现包容性发展和乡村振兴战略的目标。目前我国金融供给侧结构性改革日益深化，促使普惠金融在农村地区得到快速发展，其表现为普惠金融机构的金融服务不断下沉、农村金融基础设施不断完善等，促使更多的农村人口等弱势群体平等地享用到普惠金融产品和服务，其在推动农村人口增收致富和取得我国脱贫攻坚方面成绩显著并发挥着重要作用。

依据《消费者金融素养调查（2017）》公布的数据显示，农村人口关于金融素养的答卷的平均正确率仅为 50.7%，比城镇人口的金融素养水平低 14.08%，说明农村人口金融素养水平明显低于城镇人口。中国人民银行金融消费权益保护局（2019）开展消费者金融素养调查发现，2019 年全国消费者金融素养指数平均分为 64.77 分，虽比 2017 年金融素养高 1.06 分，但低收入群体和低学历的消费者金融素养还是很低。李明贤和吴琦（2018）、罗荷花和谢晋元（2020）也指出我国农村人口金融能力水平整体较低，而农村低收入人口金融能力更低。由于农村人口金融能力较低，不仅制约了农村人口内生成长和增收致富目标的实现，也使普惠金融产品和服务难以在农村推广和获得认可，制约了农村普惠金融发展。虽然普惠金融在我国农村地区已得到了一定发展，但农村人口由于缺乏合适的金融意识，缺少基础的金融知识和技能，对金融机构提供的普惠金融产品和服务熟悉程度还不够，导致其主动获取金融产品和服务的需求不高，获得金融产品和服务的可得性也不高。农村人口还面临着自我的主动排斥和金融机构的被动排斥问题（李涛，2010）。可见，目前普惠金融机构积极为农村人口提供普惠金融产品和服务还不够，从供给端难以真正地破解农村人口的自我金融排斥问题、"造血式"可持续发展等问题，还有待从需求端即农村人口角度来提升其金融能力。

为此，各方提升农村人口金融能力是十分必要、非常重要的事。提升农村人口金融能力不仅可以在一定程度上有效破解金融排斥难题，帮助农村人口获得所需的普惠金融产品和服务，也可以促使农村人口通过广泛参与金融活动来实现家庭收入增加和致富目标（Sherraden 和 Ansong，2016；Doran 和 Bagdasaryan，2018；Santos 等，2018），还可以破解普惠金融发展中面临的需求端的困境，促使普惠金融实现深层次发展（刘国强，2018）。在当前普惠金融发展背景下，普惠金融机构、政府部门、农村人口自身等通过制定一系列政策和工作举措来提升农村人口金融能力。通过提升农村人口金融能力，促使其自我发展能力不断提高，从而才能真正实现农村人口"造血式"发展目标。

第一节　普惠金融机构提升农村人口
金融能力的现实举措

普惠金融机构不仅为农村人口提供所需的存款、信贷、结算、支付、保险、理财等多样化、个性化的普惠金融产品和服务，也积极为农村人口开展金融知识宣传、金融教育等实践工作，促使农村人口金融能力提升，以此帮助农村人口

"造血式"发展和实现普惠金融机构可持续发展的"双重目标"。

普惠金融机构积极参与提升农村人口金融能力的工作，其现实举措体现为：一是普惠金融机构利用现有机构网点，采取积极为农村人口提供普惠金融产品和服务、宣传金融知识、开展金融技能培训等举措，从而提升农村人口金融能力；二是普惠金融机构通过业务模式创新，并通过实施多种举措方式来提升农村人口的金融能力。其中，普惠金融机构业务模式创新的典型代表为无网点银行业务。普惠金融机构往往通过第三方实体门店、移动设备等方式向农村人口开展金融知识宣传、提供基础性的普惠金融产品和服务，让农村人口更低成本地、更便捷地获得金融知识、普惠金融产品和服务等，实现其金融能力提升。其中，在阐述普惠金融机构的无网点银行业务中，选取湖南省金融扶贫服务站作为典型案例，阐述金融扶贫服务站提升农村人口金融能力的现实举措。

一、机构网点提升农村人口金融能力的现实举措

普惠金融机构是指那些践行"普惠金融"理念，积极为农村人口、涉农小微企业等弱势群体提供可负担的普惠金融业务的金融机构，具体包括农村商业银行、村镇银行、中国邮政储蓄银行、中国农业银行、农村资金互助社等。其中，农村商业银行、村镇银行、中国邮政储蓄银行等成为农村普惠金融机构的典型代表。①农村商业银行长期立足农村金融市场，成为服务"三农"的主力军。2019年6月末，全国共有1423家农村商业银行，其机构网点总量约为7.7万个，约占全国银行网点总数的34%左右。其中，县域网点数（包括乡镇网点）占总网点数的63.6%，大约有4.9万个。②村镇银行已成为单体规模最小、机构数量最多、服务客户最基层的普惠金融机构。2019年9月末，全国已组建1633家村镇银行，覆盖了70.6%的县域，其中有65.7%的网点在中西部地区，90.5%的贷款投向了县域小微企业和农户。③中国邮政储蓄银行积极推动服务下沉，成为离普惠客群最近的普惠金融机构。2019年12月末，中国邮储银行共有39638个网点数量，其中县域网点数量（包括乡镇网点）占全行总网点数的69.81%，达到27672个。

在普惠金融发展不断深入背景下，各普惠金融机构的机构网点更加深入触及农村地区。截至2018年12月末，农村地区已有12.66万个银行网点。每万人拥

有的银行网点数量达到 1.31 个,村均银行网点达到 0.24 个,乡均银行网点达到
3.95 个,县均银行网点达到了 56.41 个。普惠金融机构通过在农村的机构网点积
极为农村人口、农村小微企业等弱势群体提供所需的普惠金融产品和服务、普及
金融知识、建设金融教育基地等业务,可以有效提高农村人口金融知识储备及金
融技能,培养其金融意识,做出正确的金融决策和金融行为,从而提高自身金融
能力。同时,随着农村人口金融能力提升,也可以加强与普惠金融机构的沟通,
利于普惠金融机构创新更符合的金融产品、更好地开展金融业务,实现双方
共赢。

(一) 积极为农村人口提供金融资源及机会

随着普惠金融在农村地区深入发展以及金融扶持政策实施,普惠金融机构会
主动了解农村人口金融需求,并建立双方信任关系,降低信息不对称和交易成
本,为农村人口提供金融资源及机会。在机构网点建设上,普惠金融机构依据农
村人口、小微经济主体等实际金融需求合理布局机构网点、ATM、POS 机等位
置,提高机构网点、ATM、POS 机等在农村地区覆盖率,能够让农村人口更便捷
地获取金融资源及机会。在金融产品开发和推广上,普惠金融机构依据农村人口
的经营状况、信用情况及金融需求特征等开发合适的金融产品,并降低服务门
槛、简化工作手续等,让农村人口提高获得金融资源的可得性。在机构制度建设
上,普惠金融机构设立农村地区联络制度,成立"普惠金融事业部""三农事业
服务部"等,通过客户经理走村入户与驻点方式服务农村人口,为农村人口提供
金融资源和机会;建立农村人口金融权益保护制度,确保农村人口获取金融服务
是一种权利,以此获得所需的金融资源和机会。农村人口获得金融资源及机会的
增加,可以帮助农村人口培育金融意识,并在获取金融资源过程中提高金融知识
和技能,不断优化其金融行为,进而提升其金融能力。

中国邮政储蓄银行积极践行普惠金融理念,为农村人口提供小额贷款,促使
农村人口实现增收致富目标。中国邮储银行制定为农村人口尤其是农村低收入人
口提供普惠金融服务的政策及规章制度,2019 年制定了《金融支持脱贫攻坚的
实施意见》。同时,银行还加大创新金融扶贫体制机制,设立"三农"金融事业
部,以便更好地实践普惠金融,增加金融扶贫精准性。2019 年 12 月末,邮储银
行为农村低收入人口提供 414.39 亿元扶贫小额贷款,支持农村低收入人口发展

生产。此外，邮储银行还提供 252.09 亿元产业扶贫贷款和 1824.56 亿元金融扶贫贷款，通过发展农村地区特色产业经济，带动农村低收入人口的脱贫增收。

（二）积极面向农村人口宣传金融知识

普惠金融机构在机构网点大厅里通过公告栏、电子屏、电视等公布一些最新金融政策、普惠金融产品、金融业务办理流程、贷款价格等文字与视频信息，通过这种多样化形式可以有效提高农村人口获取到金融知识的接受度，从而选择适合自身需要的金融产品及服务。普惠金融机构网点的工作人员还可以利用休息日、节假日深入乡镇赶集地、农村人口住所、田间地头等农村人口生产生活场所，通过发放纸质材料、现场答疑、播放视频等多种形式积极向农村人口宣传金融知识，可以增加农村人口对金融产品和服务的认识程度，改变农村人口对金融产品与服务的排斥度，培育农村人口自我金融意识，增加其金融知识储备；同时也有利于普惠金融机构在与农村人口互动中理解客户的真实金融需求，不断改进宣传金融知识效果。如中国邮政储蓄银行充分发挥在农村网点多的优势，积极面向农村人口开展形式多样、主题丰富的金融知识宣传活动，还编制了《金融知识宣传普及工作计划（2019 年）》。中国邮政储蓄银行通过加强金融知识宣传和教育，可以提高农村人口金融风险防范意识和能力，维护其合法金融权益。2019年邮储银行通过"普及金融知识守住'钱袋子'""防范非法集资宣传月""金融知识下乡"等活动，全年发送了 321 万余条金融知识宣传短信，1.58 亿人次受益。

（三）积极面向农村人口提供金融教育与培训

普惠金融机构可以向那些前往网点办理金融业务的农村人口提供金融教育，尤其面对那些存在金融疑问的农村人口给予针对性的金融建议和帮助，可以有效提高农村人口的金融知识和技能，促使其做出科学合理的金融决策，以此实现其金融能力提升，同时有助于保障农村人口合法的金融权益。普惠金融机构网点可以与农村基层组织、农民合作社、龙头企业、家庭农场等合作，深入农村人口当中，向农村人口群体集中提供如何辨别新版人民币、如何申请银行账户、如何获得扶贫小额贷款、如何使用手机银行、如何解决金融纠纷事件等金融教育与培训。普惠金融机构在提供金融教育与培训时，需要贴近农村人口生活和依据农村人口的金融需求来制作金融教育手册或小视频、通俗易懂的金融培训案例等，提供针对性强的金融教育与培训，可以让农村人口积极参与、易于掌握，通过教育或培训方式促使农村人口摆脱贫穷的思维与意识，从而提升其金融能力。如贵州福泉农商行于 2016 年开办农村金融致富学校，面向农村人口提供"融资、融智、融志"的金融培训模式，实现了农村人口金融能力有效提升，从而实现金融供给侧结构性改革和农村包容性发展的新思路。

二、机构通过无网点银行业务提升农村人口金融能力的现实举措

由于农村人口居住地相对分散，其金融需求相对较少，导致普惠金融机构在农村设立机构网点的成本较高，其不可能全面地覆盖偏远的农村地区。普惠金融机构网点在农村地区布局不完善，促使无网点银行业务在农村地区快速发展起来。无网点银行业务是先从国外发展起来的，是指银行机构选择当地代理商，并与代理商签订合同条款或约定条件、向其授权为客户代办理存取款业务、信息查询业务、支付结算业务等基本业务。无网点银行业务可以弥补普惠金融机构网点难以服务的偏远农村地区的农村人口，提高普惠金融服务的广度和深度，促使农村人口可以获得金融服务，并增加向农村人口宣传金融知识等，可以有效提升其金融能力。同时，无网点银行业务还可以拓展普惠金融机构的服务边界，增加其在农村地区的金融业务服务数量，降低金融服务成本，提高机构的营业收入，也是当前普惠金融发展的重要探索形式。目前无网点银行业务主要有：一是依托第三方实体门店的无网点银行业务；二是借助移动设备（主要为手机）和互联网技术扩展普惠金融机构的金融业务范围的无网点银行业务；三是前面两者的结合，在同一个地区或国家同时有第三方实体门店和移动设备的无网点银行业务。

（一）依托第三方实体门店的无网点银行业务——以湖南省金融扶贫服务站为例

我国农村地区出现第三方实体门店的无网点银行业务，其原因在于：一是金融机构在农村设立机构网点成本较高，导致金融机构不愿意也不会在偏远农村地区设立机构网点，导致这些地区的农村人口还是难以获得所需的普惠金融服务和金融知识，其依然面临"最后一公里"难题；二是农村普惠金融进一步发展和创新，金融科技在农村地区不断被应用和农村金融基础设施不断完善，农村地区甚至是偏远农村地区可借助移动互联网技术或电子机具终端等建立金融机构的金

融扶贫服务站、助农取款服务点、流动服务站等服务模式，为农村人口提供基础性的普惠金融业务，在一定程度上有效缓解其"融资难""融资贵"等问题。当前我国依托第三方实体门店的无网点银行业务中第三方实体门店往往为金融机构的业务代理商，实质上可看作是普惠金融机构网点业务的延伸。

普惠金融机构提供移动客户服务终端、POS 机等服务交易设备，代理商（第三方实体门店）直接跟客户打交道，并将客户金融需求通过服务设备及时传递给普惠金融机构，普惠金融机构通过账户处理后反馈给代理商，由代理商执行普惠金融机构指令，满足客户的金融服务需求（刘旭，2014）。通过第三方实体门店这种代理商模式，第三方实体门店可以代理普惠金融机构为农村人口提供普惠金融业务，还可以宣传金融知识、开展金融教育等，进而有助于提升农村人口的金融能力，促进农村人口顺利开展生产经营活动，实现增收致富目标。同时，普惠金融机构通过第三方实体门店与农村人口更贴近优势，可以更好地开展金融工作，并通过服务交易设备可以拓展服务群体，扩大金融服务的广度和深度，降低服务成本，利于机构实现可持续发展。第三方实体门店已成为普惠金融机构和农村人口之间的中介。作为普惠金融机构代理商的第三方实体门店：一是农村小卖部、小药店、农村快递服务点等具有广阔覆盖面、较低服务成本、稳定现金流的营利性的经济主体；二是提供技术服务的农民合作组织、非营利组织的非政府组织等。

农村商业银行、中国邮政储蓄银行、中国农业银行等普惠金融机构积极在农村地区成立金融扶贫服务站、助农取款服务点等，往往依托当地小商店等第三方实体销售点为农村人口提供金融产品、金融知识等服务。依托第三方实体门店的无网点银行业务在我国农村地区得到蓬勃发展，为更多的农村人口提供了普惠金融服务。截至 2018 年 12 月末，我国农村地区拥有 86.49 万个助农取款服务点，已经覆盖 52.2 万个村级行政区，村级行政区覆盖率高达 98.23%，平均每个村拥有量达到了 1.63 个。农村地区助农取款服务点共办理取款、代理缴费、汇款等各项支付业务金额达到 3618.69 亿元，支付笔数达到 4.63 亿笔。农村地区拥有 554.02 万户特约商户，农村地区拥有 38.04 万台 ATM，每万人拥有 3.93 台 ATM；农村地区拥有 715.62 万台 POS 机，每万人拥有 73.90 台 POS 机；农村地区拥有 18.04 万台自助服务终端（除 ATM、POS 机之外），每万人拥有 1.86 台自助服务终端，说明当前 ATM、POS 机、自助服务终端在农村地区覆盖面还处于较高水平。依据银保监会发布的《2019 年中国普惠金融发展报告》数据显示，截至 2019 年第二季度末，全国已有 82.30 万个银行卡助农取款服务点，有 95.65% 的乡镇覆盖了银行业金融机构，有 99.20% 的行政村覆盖了基础金融服务。全国涉农贷款余额达到了 34.24 万亿元，其中，农户贷款余额 9.86 万亿元。普惠型涉农贷款余额达到了 6.10 万亿元，比年初增长了 8.24%，占全部涉农贷款的 17.80%，高于各项贷款平均增速的 1.11%。

下文将以湖南省金融扶贫服务站为案例，剖析普惠金融机构依托第三方实体门店的无网点银行业务提升农村人口金融能力的现实举措。

金融扶贫服务站是普惠金融机构依托第三方实体门店的无网点银行业务的典型代表。湖南省于 2015 年在各个贫困村开始金融扶贫服务站的建设工作。湖南省出台《关于打赢脱贫攻坚战三年行动的实施意见》《湖南省金融精准扶贫规划（2016—2020 年)》《湖南省贫困村金融扶贫服务站建设工作方案》等文件显示，政府在今后工作中重视金融扶贫，引导金融机构加大对扶贫的支持力度，要求在全省贫困村全面开展金融扶贫服务站建设，实现农村人口的金融服务全覆盖。

由于湖南省政府部门大力推动和普惠金融机构积极响应，湖南省金融扶贫服务站快速发展。目前湖南省金融扶贫服务站在贫困村已经实现全覆盖。金融扶贫服务站可以有效增加农村人口获取金融服务和金融资源的渠道，将传统金融机构业务延伸到农村地区，缩短金融服务与农村人口之间的距离，可以有效破解金融服务的"最后一公里"。同时，金融扶贫服务站利用实体门店面向农村人口直接提供金融产品与服务、提供金融政策、金融产品与服务的介绍与宣传、开展各类金融教育与培训等业务，其实践业务开展有利于促使农村人口金融能力提升。因此，讨论金融扶贫服务站提升农村人口金融能力的现实举措能够成为目前无网点银行业务提升金融能力的典型代表。

1. 湖南省金融扶贫服务站的运行

截至 2017 年 12 月末，湖南省各金融机构共建立了 6923 家金融扶贫服务站，实现了全省所有贫困村的全覆盖，并为 74.6 万户农村低收入人口家庭建立了金融服务档案，给农村低收入人口家庭发放 180.7 亿元信贷支持。同时，金融扶贫服务站还可以为农村人口尤其是农村低收入人口提供宣传金融知识、开展金融教育等现实举措，以此有效提升农村人口金融能力，并通过金融方式组织农村人口的生产经营活动，促使农村人口的增收致富，实现农村包容性发展。如中国邮政储蓄银行湖南省分行于2016年5月启动湖南省金融扶贫服务站建设工作。截至2019年6月末，中国邮政储蓄银行湖南省分行在全省农村地区已建立有1183个乡镇网点机构，在乡镇布置4195台ATM，建立919个金融扶贫服务站，并在龙山、永顺等县建立金融扶贫示范支行8个。该行工作人员依托金融扶贫服务站，利用每月送金融知识下乡活动，积极向农村人口尤其是农村低收入人口宣讲各种信贷产品和开展金融培训。该行向湘西州累计投放5.14亿元的金融扶贫贷款，通过金融扶贫方式带动服务人数16000余人，带动了6800余户建档立卡贫困户就业，其中1700余户已经实现脱贫目标。

目前湖南省金融扶贫服务站的运行构架为：

（1）普惠金融机构负责建站。金融扶贫服务站的建设主要采用主联系行制度，主联系行以当地农商行、中国邮政储蓄银行和中国农业银行为主，由其解决服务站点建设的资金、设备、技术等问题。主联系行会在其所覆盖的村中选择当地人流量大、交通相对方便的农村小商店、农村电商点、农村小药店、移动运营门店等村级经济集散中心作为建设金融扶贫服务站的场地。主联系行为金融扶贫服务站提供支付机具、电脑等业务开展的设备，并将业务开展的人员信息及其工作职责、业务种类、业务办理的流程、管理制度等信息张贴在金融服务站的醒目位置，让农村人口进入服务站就可以了解金融知识，并提供纸质的金融知识宣传手册。金融扶贫服务站利用主联系行的设备可以直接为农村人口提供查账、存款、取现、缴款、转账等金融产品与服务。金融扶贫服务站还会组织农村人口积极参加主联系行提供的金融教育与培训。同时，金融扶贫服务站利用农村社会网络收集与更新农村人口的金融需求信息、信用信息、贷款偿还情况、偿债能力等，有助于主联系行真实地获取农村人口金融需求，开发与创新合适的金融产品与服务，并防控贷款风险。

（2）村级组织积极参与管理。村级组织积极参与金融扶贫服务站的运行管理，充分利用村干部、驻村工作人员、主联系行的本地信贷员等村级组织成员发挥亲缘、人缘、地缘等优势，借助当地社会网络为农村人口宣传金融产品与知识、提供金融教育与培训。村级组织成员熟悉且较为方便收集农村人口的家庭资产、生产经营、信用等情况，完善农村人口信用档案，在评级授信、信用贷款、贷款偿还等方面发挥重要作用，利于农村人口获取信贷支持。同时，村级组织成员受教育程度相对较高，且热心服务群众，他们通过自我学习与掌握金融知识和规章制度后，再向农村人口宣传服务站的规则制度，并开展金融知识宣传和提供金融教育与培训。农村人口在参与站点管理的村级组织成员接触过程中，也能潜移默化地增加对金融知识和技能的掌握，并缓解自我金融排斥。

（3）政府部门推动和督促工作。政府部门是建站的推动者和其运营规则的制定者，也发挥着对金融扶贫服务站的监管作用。政府部门不仅引导金融扶贫服务站的广泛建设与平稳运行，更有督促服务站为农村人口提供适合的各项金融服务工作的重要使命。政府部门督促金融扶贫服务站完善公示制度，可以使农村人口对服务站的建站及运行情况进行广泛监督，消除服务站对农村人口的信息和行为隐藏，让农村人口能够信任并使用服务站的金融业务；设定考核目标指标，可以督促服务站服务农村人口效果。金融扶贫服务站在政府部门考核目标指标引导下，会不断提升金融产品满足农村人口的需求适合度、提高金融知识宣传和金融教育培训效果等。

2. 金融扶贫服务站提升农村人口金融能力的现实举措

金融扶贫服务站的建立与发展运行，是目前我国农村普惠金融改革的重要组成部分。金融扶贫服务站通过面向那些原来得不到农村金融服务的农村人口提供价格合理、方便快捷的普惠金融产品与服务、宣传金融产品与知识、提供金融教育与培训等现实举措，可以促使农村人口获得所需的金融产品与服务、积极参与金融产品与知识的宣传活动、主动参加金融教育与培训等，促使农村人口增加金融知识、培养金融意识、提高金融技能、优化金融行为，进而可持续地提升农村人口金融能力，如图3－1所示。

（1）增加金融知识。金融扶贫服务站在站内墙上张贴业务办理的流程图、工作人员的岗位职责等，为进站咨询的农村人口发放金融知识手册或卡片，并为农村人口提供金融业务、防范非法集资、金融维权等金融知识的面对面宣讲与咨询，可以有效增加农村人口的金融知识的储备。同时，服务站为农村人口提供适合的普惠金融产品和服务，其本身可以增加其金融知识。此外，服务站积极组织

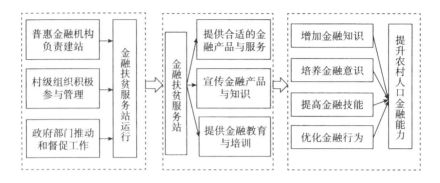

图 3 - 1　金融扶贫服务站提升农村人口金融能力的现实举措

农村人口参与金融教育与培训活动，如金融知识培训课、理财规划课等，也可增加其金融知识。农村人口掌握最新普惠金融政策和信息、普惠金融业务等金融知识，可以利用这些知识获取到适合的普惠金融产品和服务而组织生产经营活动，进而促使提升农村人口金融能力。

（2）培养金融意识。金融扶贫服务站工作人员往往是本地村民，比较熟悉农村人口的家庭经济情况，能够与农村人口平等、方便、快捷地交流普惠金融政策、信息、产品等，并积极听取农村人口的金融需求诉求，以此化解农村人口面对普惠金融机构的畏难感。金融扶贫服务站的工作人员还为农村人口提供针对性的普惠金融产品和服务，可以激发农村人口对金融服务的需求和购买金融产品的意愿程度，培养金融意识。同时，金融扶贫服务站利用社会网络为农村人口提供金融知识和教育培训，能够缓解农村人口的自我金融排斥，能够增加其参与金融活动的意愿，在参与活动中慢慢培养金融意识。此外，政府部门也会积极推动金融扶贫服务站工作，有利于提高农村人口通过服务站构建起使用普惠金融产品和服务的自信心。

（3）提高金融技能。金融扶贫服务站为农村人口提供金融知识宣传、金融教育与培训等举措，可以促使农村人口通过金融知识学习、参与新版人民币辨别培训、金融产品选择、手机银行使用、金融纠纷事情处理等金融培训和教育方式来提高自身金融技能。此外，服务站的工作人员对农村人口的家庭、收入、经济等情况更为了解，还可利用乡村社会网络中的信用评价机制来防控金融风险，能够为农村人口提供价格合理的普惠金融产品与服务，有助于农村人口选择适合的普惠金融产品，提高农村人口金融技能。

（4）优化金融行为。农村人口获取最新普惠金融政策、各类金融投资信息等消息的主要来源是社会网络中的亲戚朋友、邻里乡亲、村级组织成员等，他们对服务站的金融产品购买和评价会直接影响农村人口对服务站的金融产品与服务的信任程度，有助于增加其购买金融产品与服务的意愿与行为。金融扶贫服务站增加农村人口的金融供给渠道，利用农村社会网络与关系为农村人口提供普惠金融产品和服务，其成本优势较为明显，有助于增加农村人口参与金融活动行为。同时，农村人口往往是由金融扶贫服务站工作人员操作缴费、取款、转账、存款等具体金融业务，可以优化农村人口的金融行为，满足其金融产品及服务的需求。如服务站了解农村人口信贷需求，接受其小额贷款申请登记，并帮助金融机构开展贷前调查和帮助农村人口报送贷款申请贷款，从而更有利于获得金融机构的小额信贷资金而组织生产经营活动。

可见，金融扶贫服务站不仅为农村人口提供合适的金融产品和服务、宣传金融产品与知识、提供金融教育与培训等，还能促使农村人口金融知识的增加、金融意识的培养、金融技能的提高、金融行为的优化，进而促使其金融能力不断提升。

（二）依托移动设备的无网点银行业务——以手机银行业务为案例

1. 手机银行业务及其发展

普惠金融机构依托移动设备的无网点银行业务主要是指普惠金融机构依托手机为客户提供不受时空限制、服务成本低廉的金融服务，也简称为手机银行业务。国外手机银行业务主要是为了满足偏远地区或农村地区居民的金融服务需求。我国早期手机银行业务并没有突破传统金融机构的业务范畴，仅成为传统金融机构业务的延伸和发展，其服务对象往往为城市人口，而没有把农村人口考虑其中。随着我国普惠金融在农村地区深入发展和国外手机银行服务农村人口效果显著的背景下，我国普惠金融机构也开始将手机银行业务拓展到农村人口，为其提供普惠金融业务。农村手机银行业务具体是指普惠金融机构在机构网点的基础上，利用手机为农村人口办理信贷、结算、支付、理财、保险等各项金融交易，具有服务成本低廉、便捷安全、覆盖率高等特点，可以有效增加农村人口获得普惠金融产品和服务的渠道，提高普惠金融产品和服务的可获得性。依据金融机构类型不同，目前农村手机银行业务可具体分为银行机构开发的手机银行业务和非银行机构创新的手机银行业务（何光辉、杨咸月，2011）。

随着农村地区网民规模和互联网普及率不断提升，为发展农村手机银行业务提供良好的基础条件。截至2018年末，我国已有2.22亿的农村网民，比去年增加了1291万人，增长了6.2%；农村地区互联网普及率为38.4%，比去年增长了3%。因此，近年来我国农村手机银行及其移动支付业务不断增长。截至2018年12月末，农村地区有43.05亿户各类个人银行结算账户，人均达到4.44户。银行机构为农村地区网上银行开通数累计达到了6.12亿户，比去年增加了0.81亿户，增幅15.29%；网银支付业务金额达到147.46万亿元，支付笔数达到102.08亿笔。银行机构的手机银行开通数累计达到了6.70亿户，比上年增加了1.53亿户，增幅为29.64%；手机银行支付业务金额达到了52.21万亿元、支付业务笔数93.87亿笔。同时，截至2018年12月末，非银行机构为农村地区提供金额76.99万亿元、共计2898.02亿笔网络支付业务，比2017年增加了32万亿元、1480.2亿笔，分别增长了71.11%、104.4%。其中，互联网支付金额达到2.57万亿元、笔数达到149.18亿笔；移动支付金额达到74.42万亿元、笔数达到2748.83亿笔。截至2019年6月末，农村地区发生网银支付业务达到了63.54亿笔、金额为74.27万亿元，发生移动支付业务47.35亿笔、金额31.17万亿元。

2. 手机银行业务提升农村人口金融能力的现实举措

农村手机银行业务快速发展，通过为农村人口提供普惠金融业务、建构金融意识、宣传金融知识等现实举措，直接会影响到农村人口金融能力提升效果。

（1）提供普惠金融业务。由于农村人口分散居住，通过手机银行业务可以低成本地、高效率地构建起普惠金融机构和农村人口的关系桥梁，为农村人口提供信贷、转账、支付、结算、购买存款类产品和理财产品等各类普惠金融业务，可以大量地节省前往金融机构办理业务的时间、交通费等成本，同时普惠金融机构也可以降低配置机构网点和工作人员的成本费用。据统计，柜台办理金融业务的成本是手机银行办理业务的6～10倍。同时，普惠金融机构通过手机银行业务可以对不同地区、不同类型的农村人口提供针对性、特色化的普惠金融产品，满足农村人口多样化的金融需求，如各种生活场景的缴费、购物结算等现代支付服务, 让农村人口可以享受到现代金融服务的便利。

银行机构如中国农业银行推出手机银行 App, 农村人口购买农资而缺少资金时, 可以线上申请"惠农 e 贷", 其信贷产品特色为利率优惠、自动审批、随用随还等, 有利于农村人口获得信贷资金。非银行机构的手机银行业务可以为农村人口提供便民缴费等移动支付, 还可以提供手机金融服务。如支付宝、微信、和包支付等二维码扫描收付的方式使农村人口在收付款时, 能够方便快捷, 且免予取现、找零、假币的辨识; 支付宝、微信等还提供各种不同期限的理财产品, 农村人口可以将零钱存入一些灵活性强的货币基金产品, 不仅可以获得一定的收益, 还可以增强其选择金融产品的技能; 中国联通上线"沃钱包" App, 农村人口不光可以缴费、支付, 还可以享受其推出的"沃保险""沃易贷""沃分期"等金融产品; 蚂蚁金服与金融机构合作的"旺农贷", 让农村人口更容易获得信贷资金等。

可见, 无论是银行机构还是非银行机构的手机银行业务均可以负担, 并价格合理地面向农村人口提供普惠金融业务, 从查询、支付、信贷、结算到购买保险、选择理财产品等各种普惠金融服务, 可以让农村人口有更多机会参与到各类金融活动当中, 有效增加其获取普惠金融产品的供给渠道, 也极大地丰富普惠金融服务与产品的种类, 有利于提高农村人口对普惠金融产品与服务的可获得性, 进而有助于农村人口的金融能力提升。

(2) 建构金融意识。普惠金融机构通过互联网技术、智能手机、大数据等手机银行业务可以较低成本地收集农村人口的信用情况、资产情况、消费习惯等各类信息。普惠金融机构还能够便捷地将农村人口碎片化的、零散的资金信息数字化后, 分析、整理并构建出完整的用户图像, 建立起完善的个人信用档案。这不仅有利于普惠金融机构进行金融资产定价和为农村人口提供精准的普惠金融服务, 有效解决因信息不对称造成的道德风险和逆向选择问题; 还可以让农村人口更加重视信用累积和建构金融意识, 更便捷地获取与自身风险承担能力相匹配的线上金融产品与服务, 以此利于提升农村人口金融能力。

(3) 宣传金融知识。普惠金融机构通过手机银行方式向农村人口低成本地、高效率地宣传最新的普惠金融政策和金融基础知识、投放金融产品的价格、收益、风险等信息、合理选择投资理财产品的视频材料等, 能够让农村人口在线上随时随地学习金融知识和技能。因此，手机银行业务可以大大增强农村人口的金融知识和技能，提高其金融能力。如中国农业银行手机银行除了提供普惠金融政策和金融产品信息外，还有定点扶贫推荐专区，集中宣传中央和国家机关、中央企业、高校等定点帮扶县的农特产品及其销售，让农村人口通过手机银行可以及时地掌握农产品市场销售信息及动态变化情况，进而更好地组织生产经营，更好地利用金融方式帮助农村人口实现脱贫。

第二节　政府部门提升农村人口金融能力的现实举措

政府部门也积极参与提升农村人口金融能力的工作。政府部门通过制定金融政策、设计激励机制、普及普惠金融政策和知识、开展金融教育和培训指导等现实举措来影响普惠金融机构和农村人口的行为，进而影响农村人口金融能力提升情况，如图 3 - 2 所示。

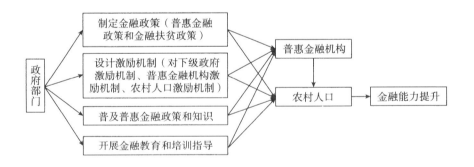

图 3 - 2　政府部门提升农村人口金融能力的现实举措

一、制定金融政策

反思各种金融危机事件频频发生、农村人口无法真正破解融资难题和无法实现长效脱贫、普惠金融发展效果不佳等背后原因，人们开始慢慢意识到提升农村人口金融能力可以有效帮助农村人口获取所需的普惠金融产品，做出科学、合理的金融决策，避免某些金融风险事件发生，从而实现长效增收和持续致富的目的，也可以促使普惠金融实现可持续发展。因此，各国政府部门纷纷重视农村人口金融能力提升工作。提升农村人口金融能力成为政府部门制定金融政策的发展目标和重要内容之一。目前我国政府部门制定关于提升农村人口金融能力的金融政策主要有普惠金融政策和金融扶贫政策两方面。

一方面，政府部门制定普惠金融政策，通过普惠金融政策来促使普惠金融发展，进而实现提升农村人口金融能力的目的。如2015年底国务院颁布的《推进普惠金融发展规划（2016—2020年）》，成为国家首个发展普惠金融的国家级战略规划，以此推动在全国范围内大力发展普惠金融，建立完善的普惠金融机构体系，能够以平等的机会、合适的成本为农村人口、城市低收入者等弱势群体提供所需的普惠金融产品和服务、宣传金融知识等，从而提升农村人口金融能力。

另一方面，政府部门在农村地区还制定一些金融扶贫政策来帮助农村人口尤其是农村低收入人口提升其金融能力。如2016年财政部、中国人民银行等七部门联合印发的《关于金融助推脱贫攻坚的实施意见》，为农村低收入人口提供了金融服务。2016年中国银监会发布《关于银行业金融机构积极投入脱贫攻坚战的指导意见》，指出银行业金融机构要加大融资融智服务，促进农村低收入人口的自我发展能力。2019年中国人民银行印发《关于切实做好2019年—2020年金融精准扶贫工作的指导意见》，指出要着力满足农村人口尤其是农村低收入人口合理的金融需求，加强金融知识宣传，提高其金融能力。

可见，我国政府部门制定各项普惠金融政策和金融扶贫政策可以有效推动农村金融机构改革，发展农村普惠金融，引导各普惠金融机构增加农村金融资源供给，为农村人口尤其是农村低收入人口提供信贷资金、支付结算、保险等普惠金融服务，并提供金融知识宣传、金融教育与培训等，从而促进农村人口金融能力提升，促使农村人口可持续地提高收入水平的目标。

二、设计激励机制

政府部门设计激励机制的举措，可以更好地发挥政府政策效果，以此有效提升农村人口金融能力。政府部门设计激励机制具体包括：对下级政府激励机制、对普惠金融机构激励机制、对农村人口激励机制，可以督促下级政府更好地制定符合当地农村人口金融能力提升的政策、推动普惠金融机构采取针对性强的提升农村人口金融能力的举措、引导农村人口主动提升金融能力的措施。

（一）对下级政府激励机制

本书用中央政府与地方政府来阐述上级政府对下级政府设计激励机制的重要性，从而影响农村人口金融能力提升。在制定普惠金融政策和金融扶贫政策、提升农村人口金融能力方面，中央政府是国家政策制定者，其政策往往具有全局性与指导性，能够在全国范围内适用；而地方政府是政策落实者，其政策往往具有针对性与有效性，会制定更具地方区域特色的政策目标，其行为直接影响到农村人口金融能力提升效果。中央政府推动普惠金融发展的政策目标是由普惠金融市场培育、农村人口金融能力提升等目标组成的目标群，而地方政府政策受中央政府政策、经济增长绩效、地方财政收益等影响，往往会设立多个具体目标。但地方政府多个目标实现可能会引发冲突现象（Demirguc - Kunt 等，2008），如金融机构数量增加、普惠金融产品与服务种类增多的普惠金融市场发展目标并不意味着农村人口金融能力提升目标得到同步实现。金融机构可能将信贷资金投放到经济收益更高的涉农企业、富裕农户手中，便会牺牲农村人口金融能力提升工作。同时，农村人口金融能力提升是一项缓慢、长期工作，短期经济效益不明显。这意味着地方政府在没有形成正向激励机制的前提下，是没有足够的动力去根据农村人口差异化的真实情况制定其金融能力提升计划，其制定的金融知识宣传和金融教育往往缺乏针对性、系统性，也缺乏详细的实施方案。

为此，中央政府通过设计对地方政府激励机制，可以更好地实现"农村人口金融能力提升"政府政策目标。中央政府对产出考核结果会直接影响到地方政府的努力方向（唐文婷、李明贤，2018）。如果中央政府认为地方政府需要在提升农村人口金融能力方面做出更多努力，可以加强地方政府在农村人口金融服务可得性、金融知识宣传、金融教育与培训等方面工作给予奖励性措施，可以有效形成对地方政府的激励，有助于提升农村人口金融能力。

（二）对普惠金融机构激励机制

政府部门对普惠金融机构设立激励机制，可以推动普惠金融机构有效采取提升农村人口金融能力的举措，从而促使农村人口金融能力提升。在政府主导或推动自上而下的金融改革背景下，当前我国普惠金融机构延续以往的外生成长路径，其内生成长的机制受到阻碍或无法真正形成，致使普惠金融机构往往还是追求自身利润最大化，容易产生机会主义，不太愿意为农村人口等弱势群体提供普惠金融产品和服务，更不愿意去开展那些难以产生经济效益的金融知识宣传、金融技能培训等工作，使普惠金融机构难以实现机构财务目标与社会目标的协调发展。普惠金融机构在提供普惠金融产品与服务中，可能利用农村人口心理账户效应、对金融产品与服务认知模糊等存在无意或有意误导农村人口做出不合理的金融决策、购买不合适的金融产品与服务等，不仅妨碍农村人口金融能力提升，甚至还有一些有损农村人口的合法金融权益的事件发生。

为此，政府部门要通过财政补贴、税收优惠、资金奖励等举措来激励与引导在农村地区自下而上地培育与发展普惠金融机构。内生成长的普惠金融机构扎根于农村地区，能知晓农村人口的生产经营动力和能力，熟悉农村人口的普惠金融服务、金融知识与教育等需求状况，并针对农村人口的实际情况设计与创新出合适的普惠金融产品与业务。政府部门为普惠金融机构创新普惠金融业务、开展金融教育、宣传金融知识等提供有利的外部环境，并善于抓取一些提升农村人口金融能力效果明显的普惠金融机构典型做法，在政府网站、公众媒体等加以宣传，可以激励更多的普惠金融机构参与农村人口金融能力提升工作。

（三）对农村人口激励机制

政府部门对农村人口设立激励机制，可以促使农村人口自主地提升自身金融能力。当前我国农村普惠金融发展相对滞后，农村人口参与正规金融市场的自主交易经验相对缺乏，加上传统金融机构受"嫌贫爱富"思想的影响，农村人口尤其是农村低收入人口往往还是会遭遇金融机构的信贷配给行为。同时，农村人口由于金融认知偏差、心理账户等影响，其金融行为往往具有有限理性，很难做出科学、合理的金融决策，难以实现自我金融能力的可持续提升。此外，农村人口与金融机构进行交易时，农村人口往往还处于信息劣势方，难以真正实现交易双方的平等关系，致使金融机构不太愿意为农村人口提供普惠金融产品与服务、宣传金融政策和信息等。

因此，政府部门通过制度设计、物质激励、精神激励等激励方式引导农村人口积极参与金融活动、自动获取金融知识和技能等，有效提升农村人口金融能力。政府部门通过金融制度或法律规章制度赋予普惠金融机构与农村人口的平等交易地位，规范普惠金融机构行为，既可以保护农村人口合法金融权益，也可以激励更多的农村人口积极参与金融活动。同时，政府部门还通过口头表扬、精神鼓励、典型事迹宣传与报告等方式宣传一些农村人口金融能力提升效果的典型个案，可以引导与带动更多的农村人口敢于主动地接触普惠金融机构及其金融业务与产品，主动参与到金融市场与金融活动当中，积极获取金融知识与技能，科学做出合理的金融决策，从而促使更多的农村人口金融能力提升。

三、普及普惠金融政策和知识

政府部门面向农村人口普及普惠金融政策和知识，可以促使农村人口增加金融知识和技能、提高金融风险防范意识等，从而有效地提升农村人口的金融能力。如中国银行人民、银保监会（机构改革前为银监会）、证监会、国家网信办等政府部门在每年9月集中开展"金融知识普及月"活动，向农村人口积极宣传与普及普惠金融知识、理性借贷知识、投资理财技能等，防范金融风险，引导农村人口可以理性选择、合理使用普惠金融产品与服务，避免非法集资、诈骗、传销等金融活动的侵害。另外，政府部门还引导普惠金融机构参与"金融知识下乡 助力脱贫攻坚""普及金融知识 助力乡村振兴""开展金融知识宣传 助力精准金融扶贫"等活动，深入农村地区尤其那些集中连片特困地区、三区三州等偏远农村地区，通过悬挂宣传标语、展示宣传展板、发放宣传彩页、现场解答疑问、播放短视频、村上广播等方式，向农村人口宣传普惠金融产品、贷款办理流程、非法集资、非法金融广告、反假币等金融扶贫政策和普惠金融知识，将这些金融扶贫政策和普惠金融知识真正送到农村人口手上。

政府部门深入农村人口当中宣传普惠金融政策和知识，可以促使农村人口真正知晓金融扶贫政策，增强其金融知识与技能、提高金融风险识别与防范能力、合理评估金融产品的风险与收益、抑制盲目投资冲动、避免过度负债或盲目负债等，并能够运用金融扶贫政策和普惠金融知识来开展合适的生产经营活动，为实现脱贫增收打下坚实基础。同时，政府部门普及金融政策和知识，可以让农村人口远离非法金融活动，还可以保护自身合法的金融权益，维护农村金融秩序的安全与稳定。

四、开展金融教育和培训指导

政府部门面向农村人口积极开展金融教育和培训指导的举措，可以帮助农村人口正确地认识和准确地表达金融需求，培养其参与金融活动的意识；可以提高其金融知识和金融技能，能够在参与金融活动中做出合理的金融决策，从而有效提升农村人口金融能力（罗荷花、伍伶俐，2019）。如2015年国务院在《关于加强金融消费者权益保护工作的指导意见》中提出，要将金融知识纳入国家国民教育体系当中。2017年9月，湖南省在祁阳县、泸溪县等地试点将金融知识纳入全民中小学教育系统，构建校园金融知识普及、金融教育的长效机制，从小孩开始增进金融知识理解、增强金融风险意识等，可以有效提升农村人口金融能力，并且通过金融教育方式解决当前农村人口尤其是农村低收入人口由于能力低下而出现贫困代际传递难题。2017年中国人民银行等四部门印发的《关于金融支持深度贫困地区脱贫攻坚的意见》中提出，在农村地区优先实施农村金融教育"金惠工程"，促使政府部门向农村地区农村人口全覆盖宣传金融知识和开展金融教育，有效提升农村人口金融能力。

第三节 农村人口提升自身金融能力的现实举措

农村人口是提升农村人口金融能力的主体，其自身意识、行为活动等会直接影响到提升金融能力的效果。我国政府部门于2013年明确将"发展普惠金融"定为国家战略，促使普惠金融在我国农村地区大力发展。农村普惠金融发展可以促使农村人口更快捷地享受到信贷、存款、支付等普惠金融服务，参加各种类型的金融教育、金融培训和指导、金融知识宣传等活动，也可以促使农村人口更充分运用普惠金融提供金融机会和资源，全方位地参与到各项金融活动当中。农村人口通过培育和提高自我金融意识、学习金融知识和金融技能、积极参与各项金融行为活动等现实举措，实现可持续地提升农村人口金融能力，如图3-3所示。

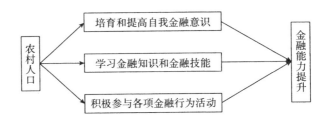

图 3 - 3 农村人口提升自身金融能力的现实举措

一、培育和提高自我金融意识

农村人口往往可以将自我提升金融能力的意识内化于心，不断培育和提高自我金融意识和金融能力提升的主观意识，是形成农村人口金融能力提升的强大内在的动源（洪培原、罗荷花，2019）。农村人口正确地认知提升金融能力的重要性，自我有意识地主动从有利的政府政策与举措、普惠金融机构政策与举措等中获取金融知识，积极主动地参与金融实践活动中来提高金融技能，并不断优化其金融行为。这些积累的金融知识、金融技能与金融经验等会自动反复、不断地促使农村人口培育和提高自我金融意识，成为提升其金融能力的重要举措。当然，农村人口培育和提高自我金融意识是一个长期而又漫长的过程，会不断引发农村人口对自我金融决策行为、参与金融实践活动等进行思考，进而影响其对银行存款、理财产品等金融投资行为、个人信用维护行为、信贷行为等行为决策活动，进而直接影响农村人口的金融能力提升效果。

二、学习金融知识和金融技能

农村人口不断学习金融知识和金融技能，是有效提升农村人口金融能力的现实举措。农村人口可以通过积极参加普惠金融机构、政府部门组织或举办的"金融知识普及月"活动、"金融知识进万家"活动、"金融知识万里行"活动、"金融知识三下乡"活动、金惠工程、金融知识纳入国民教育体系项目、金融教育基地建设项目等，以此主动学习和获得金融知识和金融技能。随着农村人口的金融知识和技能的不断积累，可以有效提升其自身金融能力。同时，农村人口主动学习金融知识和金融技能，还可以提高其参与金融活动的自信心和主动性，选择合适的金融产品，做出科学的金融决策行为，以此满足自身生产生活的金融需求，合理规避金融活动的风险，促使农村人口通过金融方式来实现可持续地增收致富的目标。此外，农村人口主动学习金融知识和金融技能，可以在运用金融知识和技能的金融实践活动中不断提升其自身金融能力。

三、积极参与各项金融行为活动

农村人口的受教育水平普遍较低，其家庭收入水平和资产状况普遍也不高，导致农村人口家庭难以获得正规金融机构的合法金融账户、存款服务、信贷服务等。农村人口家庭因缺乏拥有合法金融账户而无法参与到金融行为活动当中（尹志超，2019）；因难以获得存款服务而缺乏合适的金融投资机会；因难以获得信贷服务而无法获得所需的信贷资金，难以融入生产经营与市场经济活动中……促使农村人口较少参与或者甚至不参与任何金融实践活动，很容易形成自我金融排斥现象（Kempson 和 Whyley，1999；Beck，2007；王修华，2013）。根据王修华（2013）的研究发现，有 24.2% 的农户面临存款的自我排斥，有 19.8% 的农户面临信贷的自我排斥。农村人口的自我金融排斥问题，使其难以参与到金融投资、贷款等金融活动当中，使农村人口面临因参加金融行为活动的机会不足、金融行为不科学等而导致其金融能力难以提升的难题。

为此，农村人口通过积极参与普惠金融机构、政府部门等金融知识宣传活动、金融教育培训活动等举措，可以更便捷地查询账户信息、开设存款账户、获得信贷服务、开展支付结算等实际金融操作与活动，有助于解决农村人口参与金融行为活动的机会不足的问题（王英、单德朋和庄天慧，2019）。农村人口在积极参与各种金融活动实践中不断学习与累积，同时还可以学习一些金融能力提升的典型案例，可以促进农村人口的金融意识培育、金融知识增加、金融技能熟练、金融经验积累、金融行为优化等，并促使其金融能力提升。

第四节　本章小结

本章分析了在当前普惠金融发展的背景下，普惠金融机构、政府部门、农村人口自身等通过制定一系列政策和工作举措来提升农村人口金融能力。其研究结论为：

（1）普惠金融机构积极参与提升农村人口金融能力的工作。一是普惠金融机构利用现有机构网点积极为农村人口提供普惠金融产品和服务、宣传金融知识等举措来提升农村人口金融能力；二是普惠金融机构通过第三方实体门店和移动设备的无银行网点业务模式创新的多种举措方式来提升农村人口金融能力，在无网点银行业务中，选取湖南省金融扶贫服务站作为典型案例，阐述金融扶贫服务站提供合适的普惠金融产品与服务、宣传金融产品与知识等现实举措来提升农村人口金融能力。

（2）政府部门积极参与提升农村人口金融能力的工作，具体通过制定金融政策、设计激励机制、普及普惠金融政策和知识、开展金融教育和培训指导等现实举措来提升农村人口金融能力。

（3）农村人口是提升农村人口金融能力的主体，具体通过培育和提高自我金融意识、学习金融知识和金融技能、积极参与各项金融行为活动等现实举措，可以不断提升其金融能力。

第四章 普惠金融发展中我国农村人口金融能力的现状分析

本书第四章和第五章的数据均来源于课题组 2018 年 6～8 月对国家集中连片特困地区的农村人口进行实地调研与走访。从武陵山区、罗霄山区和秦巴山区选取 4 省 9 县，在每个连片特困地区选取 3 个县。每个县随机抽取 2 个乡镇，然后每个乡镇随机抽取 2 个村，每个村再随机抽取建档立卡的农村低收入人口和非低收入人口共计 32 户农户进行一对一的问卷调查与访谈。课题组共发放 1152 份农户问卷，通过筛选和剔除后，共获得有效问卷 1058 份，即农村人口为 1058 户，问卷有效率为 91.84%，其中，农村非低收入人口为 523 户，农村低收入人口为 535 户。数据具体来源为：武陵山区有湖南省的邵阳县 117 户和沅陵县 116 户、湖北省的利川市 118 户；罗霄山区有湖南省的炎陵县 119 户和茶陵县 118 户、江西省的遂川县 116 户；秦巴山区有湖北省的郧西县 119 户和郧县 118 户、陕西省的镇安县 117 户。此次问卷调查主要涉及内容有：农户及家庭成员基本情况、金融能力各具体指标情况、金融活动参与情况、金融产品可获得性情况、家庭收入及资产状况等方面。

随着当前我国农村经济加速发展，农村金融改革不断深入推进，农村普惠金融得到蓬勃发展，农村人口面临金融排斥难题在一定程度上得到缓解。然而，在面对日益复杂的金融市场以及层出不穷的各类创新型普惠金融产品和服务背景下，还有不少农村人口难以以合适价格享受或者不愿意接触普惠金融产品和服务，还未能有效破解农村人口自我金融排斥问题，面临获得普惠金融产品和服务的"最后一公里"现象，从而导致农村人口难以利用普惠金融产品和服务来组织生产经营活动，影响着农村人口增收致富目标的实现。也还有不少农村人口不能合理评估、正确理解普惠金融产品和服务的风险收益情况，购买一些超过自己能力之外的高风险金融产品，出现"存款变保单""过度负债""非法集资"等金融乱象或金融纠纷事件，使农村人口遭受金融资产的损失。农村人口尤其是农村低收入人口在农村普惠金融大力发展的背景之下，其合法的金融权益还是无法得到根本保障，产生这些问题或现象的根源在于农村人口金融能力还不是很高。可见，农村人口金融能力水平直接影响农村人口增收致富。那么，当前我国农村人口的金融能力现状到底如何呢？

为了更好地研究当前普惠金融发展背景下我国农村人口金融能力的现状，本书将深入对比剖析农村人口与农村非低收入人口、农村低收入人口金融能力的现状。事实上，随着目前我国农村人口分化程度逐步加深（刘明轩、姜长云，2015），农村人口中农村非低收入人口和低收入人口的金融能力呈现出明显的异质性特征。本书依据被调查农村人口是否为政府的建档立卡户，将农村人口分为农村非低收入人口和低收入人口两大类。

为此，本章是基于异质性农村人口的视角，在当前普惠金融发展背景下，构建我国农村人口金融能力指标体系，并运用因子法和加总法分别对农村人口、非低收入人口和低收入人口的金融能力进行科学测度，以期更好地科学测度出农村人口、非低收入人口和低收入人口的金融能力的现状，为后续研究奠定基础。

第一节　我国农村人口金融能力评价指标体系的构建

一、世界银行居民金融能力的指标体系及借鉴意义

世界银行研究发现，提升居民金融能力有利于促使金融市场有效运作、推动普惠金融发展和促进金融稳定，导致新兴经济体和高收入国家的政策制定者逐渐将提升居民金融能力作为优先关注事项和战略政策目标。个体居民需要不断提升其金融能力，才能做出更好的金融决策、对冲金融风险和各种负面冲击、实现家庭提高金融福祉的目标。因此，政府制定者越来越将居民金融能力调查情况作为

查明关键问题和诊断工具，并为国家战略的设计提供价值信息。Grifoni 和 Messy（2012）依据经合组织数据，有 36 个国家已建立或正在制定国家金融教育战略，并且有 80% 的这些国家将居民金融能力调查作为诊断方法和确定国家战略的关键优先事项。调查居民金融能力可以实现构建能力的基准评估、识别金融教育的潜在渠道、理解金融知识和金融行为之间的关系等目标，并为政策制定者提供政策选择和决策参考。

世界银行（2013）认为，居民金融能力是关于居民管理资源，理解、选择和使用适合自己需求的金融产品和服务而拥有的金融知识、技能、态度和行为。可见，居民金融能力调查具有多维性，很难用单一指标来衡量，而是通过金融知识、技能、态度、行为等众多指标来衡量。由于每个国家对衡量居民金融能力的各指标的相对重要性认可度不一样，居民金融能力在各国实地调查与测度还是有差异的，如金融产品的认知在发展中国家的重要性没有发达国家重要（Kempson，2013）。但这四方面的指标往往均会纳入居民金融能力的评价指标体系当中，并结合各国实际情况，测度各国居民金融能力的现状。

为此，世界银行（2013）在总结英国、美国、俄罗斯、南非、肯尼亚等不同国家居民金融能力指标体系以及学者对居民金融能力的现有测度研究成果的基础上，从金融知识、金融态度、金融技能和金融行为四个方面分别设计具体指标，提出世界银行居民金融能力的评价指标体系，如表 4-1 所示。

表 4-1　世界银行居民金融能力的评价指标体系

一级指标	二级指标
金融知识	关于复利、通货膨胀、风险等基础金融知识概念的了解；关于金融机构提供金融产品和服务的相关知识；关于如何开设银行账户、如何付款、如何管理个人金融等实务知识
金融态度	对自我养老规划的信心或意识；对借款、储蓄、投资等态度；对预算、储蓄、贷款的倾向性；对未来和金钱管理的态度
金融技能	物物交换的基本计算能力；读写能力
金融行为	日常现金管理；长期规划（应对紧急突发状况、退休情况等）；金融投资决策（选择金融产品和服务的能力）；寻找金融指导

世界银行的居民金融能力的评价指标体系是对发达国家和发展中国家的居民金融能力的普适性概括。该指标体系能够准确地、全面地反映出大多数学者对居民金融能力内涵的界定，成为衡量居民金融能力最具影响力的指标体系之一，能够为我国构建农村人口金融能力评价指标体系提供借鉴思路。其借鉴思路体现在：①该指标体系不仅包括了居民对复利、通货膨胀、风险等金融知识的了解，也包括居民对开设银行账户、付款等金融知识的实务应用。居民对金融的理论知识和实务应用相结合，与纳斯鲍姆的核心能力的观点是一致的，均体现了居民金融能力的"运作"功能。②该指标体系还包括居民对储蓄态度、养老规划的意识、金钱管理的态度等金融态度的指标。从行为金融学角度看，大多数情况下个体都是"有限理性人"，而不是"完全理性人"，个体的金融态度、意识和自信心对个体在不同情形下会有不同的金融行为。因此，该指标体系纳入金融态度指标，与行为金融学理论表达的观点相符合。③该指标体系还包括了居民对金融行为的考察。衡量金融行为可以找寻金融行为最为薄弱区域和人口中最低的群体，这有利于关注农村人口尤其是农村低收入人口等弱势群体的金融行为。另外，该指标体系将金融知识、金融态度、金融技能与金融行为这四个方面有机结合起来，有效地弥补了金融知识和技能与金融行为之间的鸿沟问题，充分地表达了居民金融能力的真正内涵和完整地展示了居民金融能力的各个过程，能够科学地测算居民金融能力。

然而，世界银行在总结和梳理居民金融能力的评价指标时，发现各国测度居民金融能力的指标还是有明显差异与区别，这显然是与各国经济发展水平、金融市场发展程度等因素有关。如2001年美国消费者金融素养调查中使用"银行是否可删除负面信用信息""银行是否有责任提前将即将发生透支信息告知消费者"等指标来衡量居民对金融机构功能的了解。而葡萄牙衡量居民金融素养中金融知识的指标是"居民对互联网金融知识了解""最低存款要求"等。肯尼亚衡量居民金融素养中计算能力的测度指标是"西红柿与芒果的物物之间的换算比"。斐济测度居民金融能力中金融态度的指标是"居民对资金管理态度"。英国衡量居民金融能力中金融行为的指标是"提前计划""制定预算"等，而南非、孟加拉国和印度则是用"借贷""管理紧急情况"等指标。因此，在运用世界银行居民金融能力的评价指标体系时，需要结合我国特殊性的国情，有些评价指标可以直接借鉴，有些评价指标不能直接借鉴，只能通过适当改良方式将该指标体系应用到我国农村人口金融能力的评价指标体系当中。

二、构建我国农村人口金融能力评价指标体系的基本思路及原则

（一）基本思路

构建我国农村人口金融能力评价指标体系的基本思路是在主要借鉴世界银行居民金融能力指标体系的基础上，参考《中国消费金融素养调查问卷》《英国金融能力调查指标》《美国金融能力调查指标》等，并结合我国农村普惠金融发展、农村人口生产生活、农村人口参与金融活动的特征等特殊性，从金融知识、金融意识、金融技能和金融行为4个一级指标出发，构建17个二级指标组成我国农村人口金融能力的评价指标体系。

（二）基本原则

构建我国农村人口金融能力评价指标体系的基本原则有：

1. 层次性原则

构建农村人口金融能力评价指标体系要具有层次性和系统性，保证指标体系中的一级指标和二级指标之间要有逐次关系。根据农村人口金融能力的内涵和现状，测度金融能力可以用众多的具体指标予以衡量，但要注意各个指标之间不仅要有独立性，也要有相关性，且各指标之间要能够相互独立与配合，从而避免各指标信息的重叠（罗荷花，2011）。在选取各层级指标之后，通过指标的综合，才能够形成一个完整的指标体系，从而测算出我国农村人口金融能力的真实现状。

2. 科学性原则

构建农村人口金融能力各指标的内涵、选取、描述、计算方法等都需要以科学理论和方法为依据，尽量减少人为主观意识的影响，以便真实地反映出农村人口金融能力的现状。选取指标时要注意指标的适用性。由于我国大部分农村地区金融货币化程度较高，农村人口往往通过货币进行商品交易。为此，本书运用货币购买商品问题来衡量居民数字计算技能，而不是直接引用肯尼亚中"物物交换指标"来衡量金融技能。同时，我国农村人口很少使用信用卡消费，因此，在设计指标体系时删除了涉及信用卡知识的指标。此外，针对当前我国农

村地区开展各种形式的金融扶贫，本书增加农户小额贷款知识、农户保险知识等金融指标来真实反映目前我国农村人口生产生活紧密相关的金融活动。因此，衡量农村人口金融能力现状需要依据我国农村人口金融活动的特殊性，设计科学的金融指标，而不是直接照搬世界银行或其他各国衡量居民金融能力的指标。

3. 简洁性原则

虽然农村人口金融能力涵盖的内容很多，但构建指标体系不可能囊括全部内容。本书在构建指标体系时，要力求指标体系的精简，选取代表性强的指标，避免选取相互关联、意思重叠的指标而造成指标体系过于庞大的弊端。如不少研究成果在测度计算技能时使用简单计算技能和复杂计算技能两个指标，但这些两两指标之间存在较大的相关性。同时，由于农村人口尤其是农村低收入人口很难判断复杂计算技能，我们在构建农村人口金融能力的指标体系中分别只选取了简单计算技能来衡量计算技能，以保证指标体系的简洁性。同时，选择金融能力测度指标要使用简洁化的金融指标和问题，才能保证农村人口在专业金融词汇不多的情况下准确、科学地回答问题，保证数据获取的真实性。

4. 区分度原则

区分度原则是指通过构建评价指标体系和运用科学方法，能够把被评价对象实施科学区分，这也是构建指标体系的理想目标（Lusardi 和 Mitchell，2006）。本书在选取农村人口金融能力的测度指标时，要注重指标的可操作性，确保所用指标的数据是易于获取并且可量化，才能实现通过评价指标体系把农村人口的金融能力实施科学区分。农村人口金融能力评价指标体系通过一级指标和二级指标的具体数值，通过科学计算得出最后得分情况，能够区分出农村人口、农村非低收入人口、农村低收入人口等不同群体的金融能力的差异。

三、我国农村人口金融能力评价指标体系的具体内容

我国农村人口金融能力评价指标体系的构成包括金融知识、金融意识、金融技能和金融行为 4 个一级指标，通胀知识、利率知识、存款知识、小额贷款知识等 17 个二级指标（罗荷花、谢晋元，2020）。每个二级指标均是通过具体问题来予以反映，如表 4 - 2 所示。

表4－2　我国农村人口金融能力指标体系

一级指标	二级指标	具体指标的衡量问题	答案选项及赋值
金融知识（F_1）	通胀知识（x_1）	假如您有1万元，银行利率为2%，通货膨胀率为3%，1年后您1万元的购买力如何变化？	不知如何计算＝0；更强或两者相同＝1；更弱＝2
	利率知识（x_2）	一般情况下，1年期与3年期的银行存款利率相比，哪个利率更高？	不知道如何计算＝0；相同或1年期更高＝1；3年期更高＝2
	存款知识（x_3）	普惠金融机构是否为农村人口积极提供存款业务吗？	不知道＝0；否＝1；是＝2
	小额贷款知识（x_4）	普惠金融机构是否为农村人口积极提供小额信用贷款业务吗？	不知道＝0；否＝1；是＝2
	保险知识（x_5）	购买保险有规避风险、降低损失等作用，您是否同意？	不知道＝0；不同意＝1；同意＝2
	投资风险知识（x_6）	比较种植（经营）一种农作物与多种农作物的风险，哪种类型风险更小？	不知道＝0；一种＝1；多种＝2
金融意识（F_2）	信用维护意识（x_7）	个人信用非常重要，需要谨慎维护。	不知道＝0；不同意＝1；同意＝2
	金融教育意识（x_8）	在农村人口中开展金融教育和培训指导比较重要。	不知道＝0；不同意＝1；同意＝2
	金融投资意识（x_9）	您想通过金融投资活动来增加家庭收入。	不知道＝0；不同意＝1；同意＝2
	金融风险意识（x_{10}）	您认为在金融投资活动中会面临各种潜在风险。	不知道＝0；不同意＝1；同意＝2
	养老规划意识（x_{11}）	您认为未来养老规划对个人来说非常重要。	不知道＝0；不同意＝1；同意＝2
金融技能（F_3）	数字计算技能（x_{12}）	您有100元购买了3斤鸡，每斤23元，您还剩余多少元？	不知道＝0；除31以外的其他答案＝1；31＝2
	阅读理解技能（x_{13}）	当您购买普惠金融产品时，能否阅读并明确理解金融合同中各条款与自身权利义务？	不知道＝0；不能够＝1；能够＝2
	纸币辨伪技能（x_{14}）	您一般辨别2005年版100元纸币真伪方法有几种？①人像水印；②手工雕刻头像；③凹印图文；④隐形面额数字；⑤安全线；⑥其他；⑦不知道。	不知道＝0；1种或2种＝1；3种及以上＝2

续表

一级指标	二级指标	具体指标的衡量问题	答案选项及赋值
金融行为（F_4）	金融咨询行为（x_{15}）	当您有金融知识方面的困惑时，会采取哪些方法解决？①自己学习；②咨询家人；③咨询亲戚朋友；④咨询政府及相关职能部门；⑤咨询金融机构工作人员；⑥其他；⑦不知如何解决。	不知道=0；1种或2种=1；3种及以上=2
	金融纠纷处理行为（x_{16}）	如果您购买金融产品产生纠纷，会采取哪些行动？①向购买金融产品的金融机构投诉；②向金融监管当局投诉；③向政府及相关部门投诉；④向媒体、投诉热线等第三方机构投诉；⑤向家人及亲朋寻求帮助；⑥其他；⑦不知如何解决。	不知道=0；1种或2种=1；3种及以上=2
	普惠金融产品选择行为（x_{17}）	如果您购买某种普惠金融产品和服务时，是否能够比较和科学选择适合自身需要的普惠金融产品和服务？	不知道=0；不能够=1；能够=2

（一）金融知识

金融知识反映农村人口对通胀知识、利率知识、存款知识、小额贷款知识、保险知识、投资风险知识等金融知识的理解情况。考虑到当前普惠金融发展对农村人口的经济活动已产生深远影响，为此，在金融知识指标中除了现有成果中通胀知识、利率知识等经典指标外，本书在构建农村人口金融能力评价指标体系中还增加小额贷款知识、保险知识等普惠金融知识指标，并对存款知识、投资风险知识的具体衡量问题进行改进。衡量农村人口金融知识的6个指标均通过具体问题予以衡量。具体而言：①通胀知识选用农村人口判断通货膨胀率对购买力的影响来衡量。②利率知识是选用农村人口判断不同期限的银行存款利率的高低来衡量的。③存款知识一般是选用居民理解银行存款单利知识指标来反映的，但考虑到当前普惠金融机构积极向农村人口提供普惠金融业务，且倡导为农村人口尤其是农村低收入人口提供存款、小额贷款、保险等一系列普惠金融产品和服务。为此，笔者通过农村人口对普惠金融机构为农村人口开展存款业务的了解程度来衡量存款知识指标。④鉴于目前我国农村人口的资金需求特征、农村地区开展金融扶贫工作以及普惠金融机构开展农户小额贷款实际情况，笔者通过农村人口对普惠金融机构为农村人口积极开展小额信用贷款业务的了解程度来衡量小额贷款知识。⑤近些年来，农村人口收入快速增长，农村人口也开始购买保险，以及普惠金融机构、政府在农村地区大力推广普惠保险业务，农村人口对保险知识认知逐渐增加。通过农村人口认知保险的作用来衡量保险知识。⑥我国是一个典型的农业大国，农村人口大多从事农业生产经营活动，而较少参与股票、基金等证券投资活动。因此，笔者结合农村人口生产经营特点，选用农村人口对农作物种植或经营风险的多样性知识来衡量投资风险知识。

（二）金融意识

金融意识反映农村人口在金融活动实践中不断产生信用维护意识、金融教育意识、金融投资意识、金融风险意识、养老规划意识等主观意识，也是农村人口享有金融发展权利的主体意识的体现。除了现有成果中信用维护意识、养老规划意识等经典指标外，本书在构建农村人口金融能力评价指标体系中还新增了金融投资意识、金融风险意识、金融教育意识等指标。衡量农村人口金融意识的 5 个指标均通过具体问题予以衡量。具体而言：①信用维护意识选用农村人口对个人信用重要性的判断来衡量。②金融教育意识选用农村人口对金融教育和培训指导的重要性的判断来衡量，且农村人口金融教育意识会直接影响其金融决策效果和金融能力高低。③随着目前农村人口的收入及财富积累增多，其对金融投资需求日益增加，笔者通过农村人口对金融投资活动增加家庭收入的影响来衡量金融投资意识。④事实上，现实生活任何一笔金融投资活动均会面临各种潜在风险，笔者通过农村人口对金融投资活动面临风险的意识来衡量金融风险意识。⑤养老规划意识通过农村人口对未来养老规划的重要性的判断来衡量。

（三）金融技能

金融技能反映农村人口掌握处理现实中各种金融问题的技能与本领，通过数字计算技能、阅读理解技能和纸币辨伪技能 3 个指标衡量，每个指标均通过具体问题予以衡量。具体而言：①数字计算技能选用农村人口回答货币数字计算问题的答案正确与否来衡量，主要是因为考虑当前我国农村地区货币化程度已经较高，农村人口大部分经济活动可通过货币实现计量，从而设计了货币数字计算技能的问题，而没有采用世界银行的物物交换的计算指标。②随着农村人口购买各种普惠金融产品的需求越来越多，农村人口需要阅读并明确理解金融合同中各条款信息、收益与风险、权利与义务等，笔者通过农村人口对金融合同阅读理解情况来衡量阅读理解技能。③虽然目前移动支付在我国城市地区得到快速发展，但农村地区大多数交易活动还主要是通过现金方式予以实现。众多农村人口尤其是农村低收入人口更是习惯通过现金支付结算，再加上假币犯罪活动在农村地区也时有发生，这要求农村人口需要具备一定的纸币真伪辨别能力。因此，在参考我国金融消费者素养调查指标的基础上，笔者设计农村人口能够掌握纸币真伪辨别方法的种类多少来衡量纸币辨伪技能。

（四）金融行为

金融行为反映农村人口参与各种金融活动的行为，通过金融咨询行为、金融纠纷处理行为和普惠金融产品选择行为 3 个指标衡量，每个指标均通过具体问题予以衡量。除了现有成果中金融咨询行为等经典指标外，本书在构建农村人口金融能力评价指标体系中还新增了金融纠纷处理行为指标和普惠金融产品选择行为指标。具体而言：①金融咨询行为选用农村人口在面临金融知识的困惑时，农村人口可以掌握多少种的解决方法来衡量。②农村人口在购买金融机构提供日益复杂的、难以理解的金融产品和服务时，往往处于信息劣势方，导致农村人口与金融机构之间容易产生金融纠纷事件。农村人口金融纠纷处理行为也将直接反映出农村人口金融能力高低。因此，笔者通过农村人口掌握多少种的金融纠纷处理方法来衡量金融纠纷处理行为。③普惠金融产品选择行为是指农村人口在购买各种普惠金融产品和服务时，能否对各种普惠金融产品和服务进行比较，并依据自身实际情况科学选择出适合自身的普惠金融产品。

在测度农村人口金融能力现状时，借鉴 Lusardi（2005）、张欢欢和熊学萍（2017）对居民金融素养设计问卷答案的赋值思路，将问题回答分为"正确"和"错误""不知道"三种。回答"错误"与"不知道"两个答案是有区别的，是因为回答"错误"可能是农村人口对金融知识或概念存在理解偏差、粗心大意或认知错误；而选择"不知道"可能是农村人口不知道关键金融术语和金融概念或者是完全没有听说该概念。这说明回答"错误"比"不知道"体现出居民拥有更高的金融能力。为此，回答"正确"的赋值比回答"错误"要高，而回答"错误"比回答"不知道"赋值也要高，三者分别赋值为"2""1""0"。

关于农村人口金融知识，笔者认为农村人口能够正确回答通胀知识、利率知识、存款知识、小额贷款知识、投资风险知识等指标问题，说明农村人口能够准确理解金融知识和拥有较高的金融能力，赋值为"2"。而农村人口不能够正确回答金融知识指标问题，说明农村人口对金融知识不能够准确理解和拥有较低的金融能力，赋值为"1"。农村人口不知道如何回答金融知识指标问题，赋值为"0"。

关于农村人口金融意识，笔者认为农村人口拥有正确的信用维护意识、金融教育意识、金融投资意识等金融意识，说明农村人口拥有较高的金融能力，赋值为"2"。而农村人口拥有不正确的金融意识，说明农村人口拥有较低的金融能力，赋值为"1"。农村人口如果没有相应的金融意识，赋值为"0"。

关于农村人口金融技能，笔者认为农村人口可以拥有正确的数字计算技能、能够阅读理解金融合同或掌握3种及以上的纸币辨伪技能方式，说明农村人口掌握熟悉的金融技能和拥有较高的金融能力，其赋值为"2"。而农村人口不能拥有正确的数字计算技能、不能够阅读理解金融合同或掌握1~2种及以上的纸币辨伪技能方式，说明农村人口的金融技能掌握不够熟练，赋值为"1"。农村人口不知道如何进行数字计算、阅读理解或纸币辨伪，赋值为"0"。

关于农村人口金融行为，依据阿玛蒂亚·森（2002）的可行能力理论，农村人口能够科学选择普惠金融产品和服务、掌握3种及以上的金融咨询和金融纠纷处理行为方式，说明农村人口会开展合理的金融行为，拥有较高的金融能力，其赋值为"2"。而农村人口不能科学选择普惠金融产品和服务，或掌握1~2种金融咨询和金融纠纷处理行为方式，说明农村人口开展金融行为不尽合理，拥有较低的金融能力，赋值为"1"。农村人口不知道如何选择普惠金融产品和服务、如何解决金融知识困惑或金融纠纷事件，赋值为"0"（见表4-2）。

第二节　我国农村人口金融能力的测算方法

借鉴已有成果中关于金融知识或金融素养的测度方法（尹志超，2014；Lusardi 和 Mitchell，2014；Arrondel，2018；单德朋，2019），我国农村人口金融能力的测算方法可分为因子分析法和加总法。

一、因子分析法

因子分析法是指运用少数因子来描述许多变量或指标之间的联系，将关系密切的指标归为同一类因子中，即用少数因子去反映众多指标的大部分信息。本研究拟从金融知识、金融意识、金融技能和金融行为四个方面构建农村人口金融能力的指标体系，运用因子分析法以测算农村人口金融能力指数，以此衡量我国农村人口金融能力的现状。

设原有 m 个变量 x_1，x_2，x_3，$\cdots$，x_m，将每个原有变量用 n（n < m）个因子 F_1，F_2，F_3，$\cdots$，F_n 的线性组合表示，则有：

$$\begin{cases} x_1 = a_{11}F_1 + a_{12}F_2 + a_{13}F_3 + \cdots + a_{1n}F_n + \varepsilon_1 \\ x_2 = a_{21}F_1 + a_{22}F_2 + a_{23}F_3 + \cdots + a_{2n}F_n + \varepsilon_2 \\ \cdots \\ x_m = a_{m1}F_1 + a_{m2}F_2 + a_{m3}F_3 + \cdots + a_{mn}F_n + \varepsilon_m \end{cases} \quad (4-1)$$

式（4-1）为因子分析数学模型，用矩阵表示为 X = AF + ε，其中 F 为公共因子，A 为因子载荷矩阵，a_{ij} 表示第 i 个原有变量在第 j 个因子上的负荷，反映了变量 x_i 与因子 F_j 的相关程度，其值越接近于1，说明该因子与变量的相关性越大。

采用主成分分析法和方差最大法进行因子旋转，依据因子载荷情况，特征值大于1和公因子累积方差贡献率确定公因子个数（张文彤，2013）。拟提取金融知识因子、金融意识因子、金融技能因子和金融行为因子四个公因子（n = 4），且公因子得分为：

$$\begin{cases} F_1 = b_{11}x_1 + b_{12}x_2 + b_{13}x_3 + \cdots + b_{1m}x_m + \varepsilon_1 \\ F_2 = b_{21}x_1 + b_{22}x_2 + b_{23}x_3 + \cdots + b_{2m}x_m + \varepsilon_2 \\ F_3 = b_{31}x_1 + b_{32}x_2 + b_{23}x_3 + \cdots + b_{3m}x_m + \varepsilon_3 \\ F_4 = b_{41}x_1 + b_{42}x_2 + b_{43}x_3 + \cdots + b_{4m}x_m + \varepsilon_4 \end{cases} \quad (4-2)$$

进而，可以计算公共因子 F 对 X 的总贡献为：

$$S_j^2 = \sum_{i=1}^{m} a_{ij}^2 \quad (4-3)$$

因子 F_j 的方差贡献 S_j^2 是因子载荷阵 A 中第 j 列元素的平方和，反映因子对原有变量总方差的解释能力。方差贡献越大，说明相应的因子重要性越高。

以四个公共因子方差贡献率占累积方差贡献率的比重为各因子得分所对应的权重，对农村人口金融能力进行测算，即：

$$FC = (S_1^2 F_1 + S_2^2 F_2 + S_3^2 F_3 + S_4^2 F_4)/(S_1^2 + S_2^2 + S_3^2 + S_4^2) \qquad (4-4)$$

其中，FC 表示农村人口金融能力，F_1、F_2、F_3、F_4 分别表示金融知识水平、金融意识水平、金融技能水平和金融行为水平。

因子分析法可以避免人为界定因子所占比重的弊端，剔除人为主观因素的干扰，从而使该方法测算农村人口金融能力的结果更加客观、科学。

二、加总法

加总法是指将农村人口金融能力指标体系中所有指标的得分进行简单加总后，衡量农村人口金融能力水平高低。依据受访农村人口对各个指标问题回答的正确、错误和不回答设置分值，利用加总法计算出农村人口金融能力总和，为后续研究中涉及的各实证模型的稳健性检验提供进一步验证。

由于农村人口是由农村非低收入人口和农村低收入人口两部分构成，为此，笔者直接运用农村人口金融能力的评价指标体系和测算方法，来测度农村非低收入人口和低收入人口的金融能力。这样做的优势在于可以将农村人口与农村非低收入人口、农村低收入人口的金融能力进行对比剖析，有利于更好地了解农村人口的金融能力现状。

第三节　我国农村人口各维度金融能力的现状

一、农村人口金融知识水平的现状

在调查的 1058 户样本农村人口中，仅有 227 人的农村人口能够正确理解通货膨胀知识，占样本总数的 21.46%；有 536 人对通货膨胀知识的概念不理解或者理解错误，占比为 50.66%；还有 295 人不知道如何理解通货膨胀，占比为

27.88%。有32.61%的农村人口能够正确地理解利率知识，但还有67.39%的农村人口对利率知识理解错误或者不知道。仅有26.09%的农村人口能够正确知晓普惠金融机构为农村人口积极提供存款业务的存款知识，有40.45%的农村人口错误理解存款知识，有33.46%的农村人口不知道存款知识。农村人口能够正确知晓农户小额贷款知识有250人，占比为23.63%；农村人口错误理解小额贷款知识有366人，占比为34.59%；农村人口不知道农户小额贷款知识有442人，占比为41.78%。有25.04%的农村人口能够正确理解保险知识，有44.90%的农村人口理解保险知识是错误的，还有30.06%的农村人口不知道相关保险知识。仅有189人的农村人口理解多种农作物的种植或经营的风险低于一种农作物，即能够正确理解投资风险知识，占比为17.86%；有416人对投资风险知识理解错误，占比为39.32%；还有453人不知道如何理解投资风险知识，占比为42.82%（见表4-3）。可见，目前我国农村人口对利率知识、存款知识、小额贷款知识、保险知识等基础金融知识了解相对更多，而对通货膨胀知识、投资风险知识等高级金融知识了解相对更少。

表4-3　农村人口、农村非低收入人口和农村低收入人口的金融知识水平分析

单位：人，%

具体指标	答案选择项	农村人口		农村非低收入人口		农村低收入人口	
		人数	选项人口数占样本农村人口总数（1058）比重	人数	选项人口数占样本农村非低收入人口总数（523）比重	人数	选项人口数占样本农村低收入人口总数（535）比重
通胀知识	正确	227	21.46	199	38.05	28	5.24
	错误	536	50.66	271	51.82	265	49.53
	不知道	295	27.88	53	10.13	242	45.23
利率知识	正确	345	32.61	241	46.08	104	19.43
	错误	410	38.75	188	35.95	222	41.50
	不知道	303	28.64	94	17.97	209	39.07
存款知识	正确	276	26.09	209	39.96	67	12.52
	错误	428	40.45	236	45.12	192	35.89
	不知道	354	33.46	78	14.92	276	51.59

续表

具体指标	答案选择项	农村人口		农村非低收入人口		农村低收入人口	
		人数	选项人口数占样本农村人口总数（1058）比重	人数	选项人口数占样本农村非低收入人口总数（523）比重	人数	选项人口数占样本农村低收入人口总数（535）比重
小额贷款知识	正确	250	23.63	196	37.47	54	10.09
	错误	366	34.59	214	40.92	152	28.41
	不知道	442	41.78	113	21.61	329	61.50
保险知识	正确	265	25.04	215	41.11	50	9.35
	错误	475	44.90	251	47.99	224	41.87
	不知道	318	30.06	57	10.90	261	48.78
投资风险知识	正确	189	17.86	159	30.40	30	5.61
	错误	416	39.32	255	48.76	161	30.09
	不知道	453	42.82	109	20.84	344	64.30

同时，进一步对比分析农村人口、农村非低收入人口和农村低收入人口之间的金融知识水平。重点对比农村人口、农村非低收入人口和农村低收入人口的各金融知识指标选择正确答案人数分别占样本农村人口（1058）、农村非低收入人口（523）和农村低收入人口（535）总数的比重。如对通胀知识指标的正确率而言，农村人口的正确率比重为21.46%，农村非低收入人口的正确率比重为38.05%，农村低收入人口的正确率比重为5.24%，说明农村低收入人口对通胀知识的理解正确性比农村人口、农村非低收入人口均要明显偏低（见表4－3）。

对比农村人口、农村非低收入人口和农村低收入人口的各金融知识指标答题的正确率来看，农村人口和农村非低收入人口理解通胀知识、利率知识、存款知识、小额贷款知识、保险知识、投资风险知识等金融知识的正确率情况要明显高于农村低收入人口（见图4－1）。除了利率知识之外，农村低收入人口在理解通胀知识、存款知识、小额贷款知识等其他金融知识的答题错误率低于农村人口和农村非低收入人口。而农村低收入人口不知道这些金融知识情况明显高于农村人口和农村非低收入人口。这些都说明了农村低收入人口金融知识水平要明显低于农村人口和农村非低收入人口。

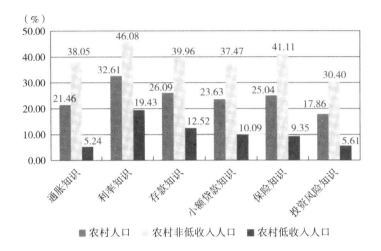

图 4 - 1　农村人口、农村非低收入人口和农村低收入人口的各金融
知识指标答题正确率对比

二、农村人口金融意识水平的现状

调查发现，农村人口中有 559 人同意"个人信用非常重要，需要谨慎维护"的信用维护意识，占样本总数的 52.83%；有 402 人不同意个人信用维护重要性，占比 38.00%；还有 97 人不知道信用维护重要性，占比为 9.17%。有 48.01% 的农村人口同意"金融教育和培训指导比较重要"的金融教育意识，有 41.40% 的农村人口不同意该观点，还有 10.59% 的农村人口选择"不知道"。农村人口拥有金融投资意识，想通过金融投资活动来增加家庭收入的有 392 人，占比为 37.05%；农村人口没拥有金融投资意识的有 420 人，占比为 39.70%；农村人口选择"不知道"的有 246 人，占比为 23.25%。有 44.70% 的农村人口拥有"金融投资活动中会面临各种潜在风险"的金融风险意识，有 44.05% 的农村人口不同意该观点，还有 11.25% 的农村人口选择"不知道"。此外，有 46.98% 的农村人口拥有"个人未来养老规划非常重要"的养老规划意识，有 34.31% 的农村人口不同意该观点，还有 18.71% 的农村人口选择"不知道"（见表 4 - 4）。可见，当前我国农村人口的信用维护意识、金融教育意识、金融风险意识和养老规划意识处于较高水平，但金融投资意识仍然较为薄弱。

表 4 - 4　农村人口、农村非低收入人口和农村低收入人口的金融意识水平分析

单位：人，%

具体指标	答案选择项	农村人口		农村非低收入人口		农村低收入人口	
		人数	选项人口数占样本农村人口总数（1058）比重	人数	选项人口数占样本农村非低收入人口总数（523）比重	人数	选项人口数占样本农村低收入人口总数（535）比重
信用维护意识	同意	559	52.83	356	68.07	203	37.95
	不同意	402	38.00	147	28.11	255	47.66
	不知道	97	9.17	20	3.82	77	14.39
金融教育意识	同意	508	48.01	312	59.66	196	36.64
	不同意	438	41.40	182	34.80	256	47.85
	不知道	112	10.59	29	5.54	83	15.51
金融投资意识	同意	392	37.05	261	49.90	131	24.49
	不同意	420	39.70	191	36.52	229	42.80
	不知道	246	23.25	71	13.58	175	32.71
金融风险意识	同意	473	44.70	295	56.41	178	33.27
	不同意	466	44.05	197	37.67	269	50.28
	不知道	119	11.25	31	5.92	88	16.45
养老规划意识	同意	497	46.98	314	60.04	183	34.21
	不同意	363	34.31	163	31.16	200	37.38
	不知道	198	18.71	46	8.80	152	28.41

　　同时，进一步对比分析农村人口、农村非低收入人口和农村低收入人口之间的金融意识水平。重点对比农村人口、农村非低收入人口和农村低收入人口的各金融意识指标选择同意答案人数分别占样本农村人口（1058）、农村非低收入人口（523）和农村低收入人口（535）总数的比重。如就信用维护重要性而言，农村人口同意的占比为52.83%，农村非低收入人口同意的占比为68.07%，农村低收入人口同意的占比为37.95%，说明农村低收入人口同意信用维护的重要性比农村人口、农村非低收入人口均要明显偏低，即信用维护意识更低（见表4 - 4）。

　　对比农村人口、农村非低收入人口和农村低收入人口的各金融意识指标答题的同意情况来看，农村人口和农村非低收入人口的信用维护意识、金融教育意识、金融投资意识、金融风险意识和养老规划意识等金融意识的答题同意率要明显高于农村低收入人口（见图4-2）。此外，农村低收入人口针对金融意识的答题不同意率和不知道率明显高于农村人口和农村非低收入人口。这些都说明了农村低收入人口金融意识水平要明显低于农村人口和农村非低收入人口。

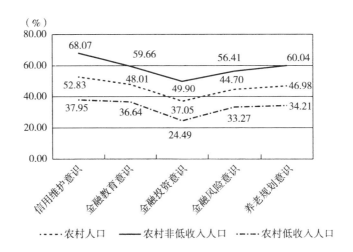

图4-2　农村人口、农村非低收入人口和农村低收入人口的各金融
意识指标答题同意率对比

三、农村人口金融技能水平的现状

调查发现，农村人口中有532人正确掌握数字计算技能，占样本总数的50.28%；有324人计算错误，占比为30.63%；还有202人不知道，占比为19.09%。仅有26.47%的农村人口能够正确阅读与理解金融合同，有39.22%的农村人口不理解，有34.31%的农村人口不知道如何阅读及理解金融合同。有28.17%的农村人口不知道如何辨别纸币真伪，34.31%的农村人口能用其中1~2种方法辨别，37.52%的农村人口能用3种及以上方法辨别真伪（见表4-5）。其中，有37.58%的农村人口掌握隐形面额数字方法辨别纸币真伪，有21.34%的农村人口掌握安全线方法辨别纸币真伪，有15.89%的农村人口掌握人像水印方法辨别纸币真伪，有10.39%的农村人口掌握手工雕刻头像方法辨别纸币真伪，

有9.05%的农村人口掌握凹印图文方法辨别纸币真伪，还有5.25%的农村人口
掌握其他方法（见图4-3）。可见，当前我国农村人口对数字计算技能、纸币辨
伪技能等有较高的掌握，但其阅读理解技能还较低，农村人口容易对金融合同出
现理解偏差现象。

表4-5 农村人口、农村非低收入人口和农村低收入人口的金融技能水平分析

单位：人，%

具体指标	答案选择项	农村人口		农村非低收入人口		农村低收入人口	
		人数	选项人口数占样本农村人口总数（1058）比重	人数	选项人口数占样本农村非低收入人口总数（523）比重	人数	选项人口数占样本农村低收入人口总数（535）比重
数字计算技能	计算正确	532	50.28	357	68.26	175	32.71
	计算错误	324	30.63	123	23.52	201	37.57
	不知道	202	19.09	43	8.22	159	29.72
阅读理解技能	理解	280	26.47	231	44.17	49	9.16
	不理解	415	39.22	197	37.67	218	40.75
	不知道	363	34.31	95	18.16	268	50.09
纸币辨伪技能	不知道	298	28.17	72	13.77	226	42.24
	1~2种	363	34.31	147	28.11	216	40.37
	3种及以上	397	37.52	304	58.12	93	17.39

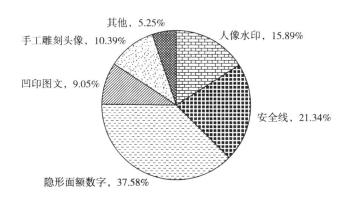

图4-3 农村人口掌握纸币辨伪技能的比率

同时，进一步对比分析农村人口、农村非低收入人口和农村低收入人口之间的金融技能水平。重点对比农村人口、农村非低收入人口和农村低收入人口的各金融技能指标选择赋值为"2"的答案人数分别占样本农村人口（1058）、农村非低收入人口（523）和农村低收入人口（535）总数的比重。如数字计算技能而言，农村人口计算正确的占比为50.28%，农村非低收入人口计算正确的占比为68.26%，农村低收入人口计算正确的占比为32.71%，说明农村低收入人口掌握数字计算技能比农村人口、农村非低收入人口均要明显偏低（见表4-5）。

对比农村人口、农村非低收入人口和农村低收入人口的各金融技能指标答题情况来看，农村人口和农村非低收入人口的数字计算技能、阅读理解技能、纸币辨伪技能等金融技能的掌握熟练度或选择种类数要明显高于农村低收入人口（见图4-4）。此外，农村低收入人口针对这些金融技能的掌握不熟练情况和不知道比率明显高于农村人口和农村非低收入人口。这些都说明农村低收入人口金融技能水平要明显低于农村人口和农村非低收入人口。

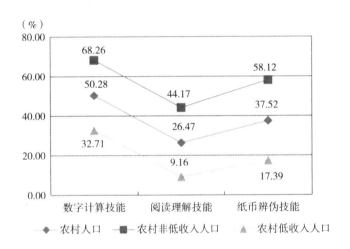

图4-4 农村人口、农村非低收入人口和农村低收入人口的各金融技能指标对比

四、农村人口金融行为水平的现状

调查发现，当农村人口面对金融知识方面困惑时，有262人的农村人口可以采取3种及以上的方法解决，占样本总数的24.76%；有482人会用1~2种方法

解决，占比为45.56%；还有314人不知道如何解决，占比为29.68%。其中，有31.28%的农村人口选择咨询政府相关职能部门去解决金融知识困惑，有22.79%的农村人口选择咨询家人，有17.39%的农村人口选择咨询亲戚朋友，有15.49%的农村人口选择咨询金融机构工作人员，有8.66%的农村人口选择自己学习，还有4.39%的农村人口选择其他方法（见图4-5）。

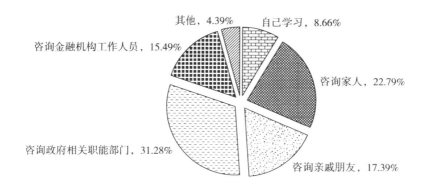

图4-5　农村人口解决金融知识困惑的方法

当农村人口购买金融产品发生金融纠纷事件时，有23.44%的农村人口能用3种以上方法解决，41.21%的农村人口能用其中1~2种方法解决，35.35%的农村人口不知道如何解决。其中，有30.66%的农村人口选择向政府及相关部门投诉，有22.80%的农村人口选择向家人及亲朋寻求帮助，有18.18%的农村人口选择向购买金融产品的金融机构投诉，有14.50%的农村人口选择向金融监管当局投诉，有9.31%的农村人口选择向媒体、投诉热线等第三方机构投诉，还有4.55%的农村人口选择其他方法（见图4-6）。

农村人口在选择购买某项普惠金融产品和服务的行为时，仅有22.21%的农村人口能够正确选择与购买普惠金融产品和服务，有45.37%的农村人口不能够正确选择与购买普惠金融产品和服务，有32.42%的农村人口不知道如何选择普惠金融产品和服务（见表4-6）。可见，当前大多数农村人口在金融咨询行为、金融纠纷处理行为和普惠金融产品选择行为等金融行为还不够科学，容易出现金融知识困惑难以解决、金融纠纷难以解决和普惠金融产品选择不合理的现象。

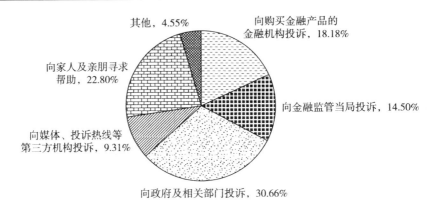

图4-6　农村人口解决金融纠纷事件的方法

表4-6　农村人口、农村非低收入人口和农村低收入人口的金融行为水平分析

单位：人,%

具体指标	答案选择项	农村人口		农村非低收入人口		农村低收入人口	
		人数	选项人口数占样本农村人口总数（1058）比重	人数	选项人口数占样本农村非低收入人口总数（523）比重	人数	选项人口数占样本农村低收入人口总数（535）比重
金融咨询行为	不知道	314	29.68	71	13.58	243	45.42
	1~2 种	482	45.56	237	45.31	245	45.79
	3 种及以上	262	24.76	215	41.11	47	8.79
金融纠纷处理行为	不知道	374	35.35	114	21.80	260	48.60
	1~2 种	436	41.21	209	39.96	227	42.43
	3 种及以上	248	23.44	200	38.24	48	8.97
金融产品选择行为	能够	235	22.21	198	37.86	37	6.92
	不能够	480	45.37	255	48.76	225	42.06
	不知道	343	32.42	70	13.38	273	51.02

　　进一步对比分析农村人口、农村非低收入人口和农村低收入人口之间的金融行为水平。重点对比农村人口、农村非低收入人口和农村低收入人口的各金融行为指标选择赋值为"2"的答案人数分别占样本农村人口（1058）、农村非低收入人口（523）和农村低收入人口（535）总数的比重。如普惠金融产品选择行为而言，农村人口能够选择普惠金融产品行为的占比为22.21%，农村非低收入

人口能够选择普惠金融产品行为的占比为37.86%，农村低收入人口能够选择普惠金融产品行为的占比为6.92%，说明农村低收入人口能够正确选择普惠金融产品行为比农村人口、农村非低收入人口均要明显偏低（见表4-6）。

对比农村人口、农村非低收入人口和农村低收入人口的各金融行为指标答题情况来看，农村人口和农村非低收入人口的金融咨询行为、金融纠纷处理行为等选择方法种类数或能够正确选择普惠金融产品行为要明显高于农村低收入人口（见图4-7）。除了普惠金融产品选择行为之外，农村低收入人口在金融咨询行为、金融纠纷处理行为的选择1~2种答题情况高于农村人口和农村非低收入人口。而农村低收入人口针对这些金融行为的不知道率明显高于农村人口和农村非低收入人口。这些都说明了农村低收入人口的金融行为水平要明显低于农村人口和农村非低收入人口。

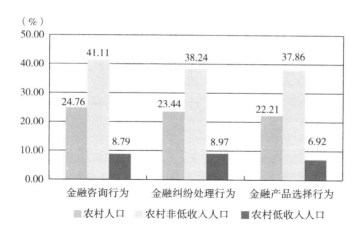

图4-7 农村人口、农村非低收入人口和农村低收入人口的各金融行为指标对比

总体而言，目前我国农村人口对利率知识、存款知识、小额贷款知识、保险知识等基础金融知识了解相对更多，而对通货膨胀知识、投资风险知识等高级金融知识了解相对更少；农村人口拥有较高的信用维护意识、金融教育意识、金融风险意识和养老规划意识，但金融投资意识仍然较为薄弱；农村人口掌握较高的数字计算技能和纸币辨伪技能，但其阅读理解技能还较低；农村人口的金融咨询行为、金融纠纷处理行为和普惠金融产品选择行为等金融行为还不够科学。可

见，我国农村人口的金融知识水平、金融意识水平、金融技能水平和金融行为水平等金融能力总体水平仍较低。此外，农村低收入人口金融知识水平、金融意识水平、金融技能水平和金融行为水平都要明显低于农村人口和农村非低收入人口。

第四节　我国农村人口金融能力现状的测算结果

一、因子分析法度量金融能力的结果

根据 KMO 检验，KMO = 0.955（KMO 大于 0.6），Bartlett 球形度检验的卡方值为 10483.085，在 1% 水平下显著，说明该样本数据适合采用因子分析法。依据因子分析法的特征值大于等于 1 的原则，保留 4 个因子，分别为：金融知识因子、金融意识因子、金融技能因子、金融行为因子（见表 4 – 7、表 4 – 8）。通过将 17 个指标分别纳入这 4 个因子中，并计算各因子比重，进而最终计算出农村人口金融能力指数。

表 4 – 7　因子分析法各指标选取及结果

具体指标	金融知识因子	金融意识因子	金融技能因子	金融行为因子	KMO	正确率（%）
通胀知识	**0.4350**	0.4055	0.3554	0.2826	0.9737	21.46
利率知识	**0.7496**	0.2262	0.2196	0.1134	0.9300	32.61
存款知识	**0.5449**	0.2726	0.3104	0.2972	0.9776	26.09
小额贷款知识	**0.5913**	0.3026	0.2135	0.2894	0.9713	23.63
保险知识	**0.5299**	0.3083	0.3908	0.2757	0.9763	25.04
投资风险知识	**0.7828**	0.2564	0.2229	0.1494	0.9323	17.86
信用维护意识	0.2916	**0.4216**	0.2341	0.1595	0.9562	52.83
金融教育意识	0.2082	**0.4440**	0.2110	0.1031	0.9331	48.01
金融投资意识	0.3501	**0.5318**	0.0663	0.1222	0.9580	37.05
金融风险意识	0.2378	**0.6927**	0.1130	0.2309	0.9256	44.70
养老规划意识	0.2831	**0.6763**	0.1747	0.2309	0.9400	46.98

续表

具体指标	金融知识因子	金融意识因子	金融技能因子	金融行为因子	KMO	正确率（%）
数字计算技能	0.3627	0.3335	0.3077	**0.4450**	0.9671	50.28
阅读理解技能	0.4235	0.2938	0.3670	**0.4487**	0.9677	26.47
纸币辨伪技能	0.4324	0.3181	0.2632	**0.4541**	0.9669	37.52
金融咨询行为	0.4410	0.1085	**0.6040**	0.1991	0.9375	24.76
金融纠纷处理行为	0.3499	0.2157	**0.4952**	0.1452	0.9638	23.44
普惠金融产品选择行为	0.4907	0.1588	**0.4992**	0.1804	0.9538	22.21

表 4-8　旋转后因子分析结果

	特征值	解释比率（%）	累计比率（%）
金融知识因子	3.735	41.32	41.32
金融意识因子	2.519	27.87	69.19
金融技能因子	1.823	20.18	89.37
金融行为因子	1.179	13.05	102.42

　　研究进一步发现，我国全体农村人口金融能力指数偏低，只有 1.98e-06。农村非低收入人口平均金融能力指数为 0.277，农村低收入人口平均金融能力指数为 -0.271，两者差距还是较大（见表 4-9）。说明与农村人口和农村非低收入人口对比，农村低收入人口的金融能力指数更低。具体而言，相较于农村非低收入人口，农村低收入人口在金融知识指数上相差 0.775；金融意识指数上相差 1.293；金融技能指数上相差 0.544；金融行为指数上相差 0.381。由此可见，农村低收入人口与农村非低收入人口金融能力指数的差距主要集中在金融意识与金融知识两方面，其次是金融技能与金融行为。

表 4-9　基于因子法的农村人口、农村非低收入人口和
农村低收入人口金融能力对比

	金融知识	金融意识	金融技能	金融行为	金融能力指数 FC（index）
农村人口	5.67e-07	6.60e-07	-5.67e-07	9.46e-07	1.98e-06
农村非低收入人口	0.392	0.148	0.275	0.193	0.277
农村低收入人口	-0.383	-1.145	-0.269	-0.188	-0.271

将因子分析法得出的异质性农村人口金融能力指数从低到高划分成 10%、25%、50%、75%、90% 五个分位数（李长生，2015；于潇，2017），进而探讨农村人口、农村非低收入人口及农村低收入人口在不同金融能力指数下的差异情况。由表 4 - 10 可知，在金融能力指数 10 分位数上，农村低收入人口与农村人口、农村非低收入人口的差距分别为 0.085 和 0.401；在 25 分位数上，农村低收入人口与农村人口、农村非低收入人口的差距分别为 0.194 和 0.646；在 50 分位数上，农村低收入人口与农村人口、农村非低收入人口的差距分别为 0.394 和 0.679；在 75 分位数上，农村低收入人口与农村人口、农村非低收入人口的差距分别为 0.333 和 0.518；在 90 分位数上，农村低收入人口与农村人口、农村非低收入人口的差距分别为 0.296 和 0.424。可见，依据因子法计算得出，农村低收入人口与农村人口金融能力指数主要是在 50 分位数和 75 分位数的差距明显；而农村低收入人口与农村非低收入人口金融能力指数主要是在 25 分位数和 50 分位数的差距明显。

表 4 - 10 分位数下基于因子法的农村人口、农村非低收入人口和农村低收入人口金融能力对比

	q10	q25	q50	q75	q90
农村人口	- 0.727	- 0.445	0.038	0.423	0.701
农村非低收入人口	- 0.411	0.007	0.323	0.608	0.829
农村低收入人口	- 0.812	- 0.639	- 0.356	0.090	0.405

二、加总法度量金融能力的结果

通过对衡量金融能力的 17 个指标问题答案得分进行加总后，得出我国农村人口金融能力的得分区间，并计算得出我国农村人口金融能力总分平均分为 18.043 分（总分为 34 分）。这说明我国农村人口金融能力水平较低，仍有很大的提升空间，尤其在金融知识和金融行为这两方面存在明显不足（见表 4 - 11）。农村非低收入人口平均金融能力总值为 22.920 分，农村低收入人口平均金融能力总值为 13.277 分，相差 9.643 分。具体而言：农村低收入人口与农村人口、农村非低收入人口在金融知识得分上分别相差 1.885 分和 3.831 分；金融意识上分别相差 0.986 分和 1.984 分；金融技能上分别相差 0.959 分和 1.936 分；金融行为上分别相差 0.937 分和 1.892 分。由此可见，农村低收入人口与农村人口和农村非低收入人口对比，其金融能力水平更低，尤其在金融知识掌握上差距更为明显。

表 4-11　基于加总法的农村人口、农村非低收入人口和
农村低收入人口金融能力对比

	金融知识	金融意识	金融技能	金融行为	金融能力总值 FC（sum）
全体农村人口	5.421	6.566	3.327	2.730	18.043
农村非低收入人口	7.367	7.564	4.304	3.685	22.920
农村低收入人口	3.536	5.580	2.368	1.793	13.277
目标最高分	12	10	6	6	34

将加总法得出的异质性农村人口金融能力从低到高划分成 10%、25%、50%、75%、90% 五个分位数，其分位数统计结果如下：在金融能力 10 分位数上，农村低收入人口与农村人口、农村非低收入人口的差距分别为 2 和 9；在 25 分位数上，农村低收入人口与农村人口、农村非低收入人口的差距分别为 4 和 11；在 50 分位数上，农村低收入人口与农村人口、农村非低收入人口的差距分别为 6 和 11；在 75 分位数上，农村低收入人口与农村人口、农村非低收入人口的差距分别为 6 和 10；在 90 分位数上，农村低收入人口与农村人口、农村非低收入人口的差距分别为 5 和 7（见表 4-12）。可见，依据加总法计算得出，农村低收入人口与农村人口金融能力主要是在 50 分位数和 75 分位数的差距明显；而农村低收入人口与农村非低收入人口金融能力主要是在 25 分位数和 50 分位数的差距明显。与上述因子分析法得到的结论是一致的。

表 4-12　分位数下基于加总法的农村人口、农村非低收入人口和
农村低收入人口金融能力对比

	q10	q25	q50	q75	q90
农村人口	5	11	19	25	30
农村非低收入人口	12	18	24	29	32
农村低收入人口	3	7	13	19	25

第五节　本章小结

　　本章在主要借鉴世界银行居民金融能力指标体系及相关研究成果的基础上，结合我国农村普惠金融发展、农村人口生产生活变化、参与金融活动状况等实际情况，从金融知识、金融意识、金融技能和金融行为四方面构建我国农村人口金融能力评价指标体系。以 4 省 9 县 1058 户农村人口（其中，535 户农村低收入人口、523 户农村非低收入人口）实地调研数据，运用因子分析法和加总法科学地测度农村人口、农村非低收入人口和农村低收入人口的金融能力。结果显示：我国农村人口金融能力整体较低。与农村人口、农村非低收入人口相比，农村低收入人口金融能力更低。

第五章 农村人口金融能力对普惠金融发展影响的实证分析

从前文内容可知，理论上农村人口金融能力对普惠金融发展产生重要影响。目前，我国农村人口金融能力较低，可能成为制约普惠金融可持续发展的重要因素。在实践中，农村人口金融能力较低水平是否真的会影响普惠金融发展，以及产生何种影响呢？笔者通过4省9县1058户农村人口（其中，535户农村低收入人口、523户农村非低收入人口）的实地调研数据，进一步实证检验农村人口金融能力对普惠金融发展的影响，并对比分析其与农村低收入人口、农村非低收入人口的结果差异性。

普惠金融主张为所有阶层群体尤其是农村人口提供可负担的、价格合理的普惠金融产品和服务，满足其有效的金融服务需求。2015年11月9日，习近平总书记在中央全面深化改革领导小组第十八次会议上指出，发展普惠金融的目的是要满足居民特别是农村人口、农村小微企业等弱势群体的金融需求，提高普惠金融产品和服务的覆盖率、可得性和满意度。其中，对农村人口而言，农村人口最亟须、最重要的普惠金融产品和服务是融资服务。农村人口能够依据自身生产生活、经营创业等活动需求而开展融资决策活动，并提高其融资可得性，都是普惠金融发展的重要体现。为此，本章将衡量普惠金融发展指标具体设定为农村人口家庭融资决策和融资可得性。通过研究农村人口金融能力对家庭融资决策和融资可得性的影响来分析农村人口金融能力对普惠金融发展的影响。为了更好地研究农村人口金融能力对家庭融资决策和融资可得性的影响，本章运用对比法分析农村人口与农村低收入人口、农村非低收入人口的金融能力对家庭融资决策和融资可得性的影响。

目前，国内外学者关于金融能力对居民家庭融资决策及融资可得性的影响研究较少，更多的是金融知识或素养对家庭金融决策及金融服务可得性的影响研究。其研究成果主要有：一是金融知识或素养直接影响家庭金融决策行为。马双和赵朋飞（2015）、吴雨等（2016）、刘丹和陆佳瑶（2019）、张智富（2020）认为，提高居民金融知识或素养水平，可以有效促使居民积极参与正规金融活动行为。Jappelli 和 Padula（2011）、Lusardi，Michaud 和 Mitchell（2017）、董晓林等（2019）、崔静雯等（2019）等则认为拥有较高金融知识或素养的居民家庭会更加熟悉金融市场，做出更为理性或优化的金融决策。罗娟和王露露（2018）、李庆海等（2018）也认为，居民拥有更多的金融知识，可以积极参与金融市场和优化金融决策，促使居民家庭收入增加，甚至还帮助低收入家庭实现收入跃迁（王正位等，2016）。杨柳和刘芷欣（2019）、周海珍和吴美芹（2020）则认为，居民金融素养显著影响商业养老保险决策。Abreu 和 Mendes（2010）、Hastings（2013）提出普及金融教育可以帮助人们提高金融素养，进而理性地做出更优金融决策，优化金融资产配置。二是金融知识或素养显著影响家庭金融服务可得性，缓解金融约束难题。隋艳颖和马晓河（2011）、尹志超等（2019）、尹志超和张号栋（2020）认为，居民拥有越高的金融知识，可以有效缓解家庭面临金融排斥或约束难题。Davidson（2002）、伍再华等（2017）、刘自强和樊俊颖（2019）、彭积春（2019）、郭学军（2019）认为，提高农户金融素养水平，可以缓解其面临的正规信贷约束问题，提高正规信贷可得性。三是金融知识或素养影响居民选择合适的金融产品。Gathergood（2012）、Cole（2011）认为，居民金融素养水平会直接影响居民使用金融产品，金融素养越高的居民，越能选择更加符合自身需要的金融产品。Sevim 等（2012）、孙光林等（2017）则认为，居民拥有越少的金融知识或素养，可能会出现过度融资行为，其融资约束的概率较高。吴卫星等（2019）、熊双粲和夏业茂（2020）、贾立、袁涛和邓国营（2020）认为，金融素养可以显著影响居民家庭债务行为，降低家庭债务负担等。四是金融知识或素养会降低金融决策的成本。如 Lusardi 和 Tufano（2009）、Dohmen（2010）、Huston（2012）、Chatterjee（2013）研究认为，居民拥有越多的金融知识或素养，可有效降低居民进行金融决策的贷款成本、信息收集成本等，进而影响金融决策或金融可得性。

可见，目前国内学者已意识到金融知识、金融素养等因素对居民家庭融资决策及融资可得性产生影响，但在现有成果中，直接从金融能力视角来探讨居民家庭融资决策及融资可得性的成果还较少见。为此，本章研究重点为：一是在深入剖析金融能力、家庭融资决策及融资可得性内涵的基础上，从理论上构建出金融能力对农村人口家庭融资决策及融资可得性的影响机理；二是着重探讨农村人口金融能力对家庭融资决策及融资可得性的实证影响；三是对比分析农村人口与农村低收入人口、非低收入人口的金融能力对家庭融资决策和融资可得性影响的相似性与差异化的结果。通过研究农村人口金融能力对家庭融资决策及融资可得性的影响来分析农村人口金融能力对普惠金融发展的影响，可以帮助农村人口提升金融能力，促使农村人口积极参与融资决策，并提高融资可得性，以此有效破解金融排斥难题，实现其家庭收入持续增加和长久致富目标；还可以促使普惠金融可持续发展，更好地实现农村人口金融能力提升与普惠金融可持续发展的良性互动。

第一节　农村人口金融能力对家庭融资决策及融资可得性影响的理论分析

一、变量描述

（一）因变量：家庭融资决策及融资可得性

1. 家庭融资决策 FD（Financing Decision）

通过问题法来询问农村人口家庭融资决策，具体是用农村人口近一年来是否向农村商业银行、中国农业银行、中国邮政储蓄银行等普惠金融机构（包括机构网点及其金融扶贫服务站、手机银行等无网点银行业务）申请过融资。如果申请过融资行为，笔者认为该家庭参与融资决策。如果没有申请过融资行为，笔者认为该家庭没有参与融资决策。

2. 家庭融资可得性 FA（Financing Availability）

假如农村人口家庭参与融资决策，则以参与融资决策的农村人口家庭在普惠金融机构实际获得融资额度占期望融资额度的比重来衡量农村人口的融资可得性。

（二）核心变量：金融能力

金融能力的衡量指标及测算结果直接沿用第四章的内容。

（三）控制变量

根据国内外学者的研究成果，结合农村人口金融能力、家庭融资决策及融资可得性的实际情况，本部分选取的控制变量可以分为农村人口的个人特征变量和家庭结构特征变量。农村人口的个人特征变量包括：年龄（Age）、性别（Gender）、婚姻状况（Marriage）、受教育程度（Education）。农村人口的家庭结构特征变量包括：家庭供养比（Ratio）、家庭经营类型（Type）、家庭社会关系（Relation）、家庭总收入（Income）、家庭人均纯收入（Income2）、家庭固定资产价值（Asset）。其中，家庭融资决策是用家庭总纯收入，而融资可得性是用家庭人均纯收入。其原因在于，家庭融资需求直接与家庭总纯收入有关，家庭纯收入越高，其融资需求越小，家庭做出融资决策的可能性越小。而融资可得性与家庭人均纯收入更相关，因为金融机构为农村人口提供融资资金往往会看重家庭人均纯收入情况。一般而言，家庭人均纯收入越高，其融资可得性越高。为了促使数据更平稳，本部分将家庭人均纯收入、家庭总纯收入、家庭固定资产价值数据做了对数化处理，数据取对数之后不会改变数据性质和相关关系。表5－1为本章所用变量的定义及处理说明。

表5－1　变量定义和处理说明

变量		变量含义
因变量	FD	融资决策：农村人口是否向普惠金融机构申请过融资（否＝0；是＝1）
	FA	融资可得性：农村人口实际获得融资额度占期待融资额度的比重（％）
核心变量	FC（Index）	金融能力指数：根据因子分析法计算得出
	FC（Sum）	金融能力总和：根据加总法计算得出
控制变量	农村人口个人特征变量	Age	年龄：农村人口实际年龄
		Age2	年龄2：农村人口实际年龄的平方/100
		Gender	性别：女＝0；男＝1
		Marriage	婚姻状况：婚姻不稳定＝0；婚姻稳定＝1
		Education	受教育程度：小学及以下＝1；初中＝2；高中（中专、技校）＝3；大学或大专＝4；硕士及以上＝5

续表

变量			变量含义
控制变量	农村人口家庭特征变量	Ratio	家庭供养比：未成年小孩和丧失劳动能力的人/家庭总人口数
		Type	家庭经营类型：普通农户 =1；兼业农户 =2；非纯农户 =3
		Relation	家庭社会关系：家庭中是否有亲戚朋友在金融机构或政府上班（无 =0，有 =1）
		Income	家庭总收入：家庭总纯收入的实际数值（万元）
		Income2	家庭人均纯收入：家庭人均纯收入的实际数值（万元）
		Asset	家庭固定资产：家庭固定资产的实际数值（万元）

二、农村人口金融能力对家庭融资决策及融资可得性的影响机理

农村人口金融能力通过金融知识、金融意识、金融技能和金融行为来衡量，从这四方面来分别阐述其对农村人口家庭融资决策及融资可得性的影响。图 5 – 1 为农村人口金融能力对家庭融资决策及融资可得性的影响机理。

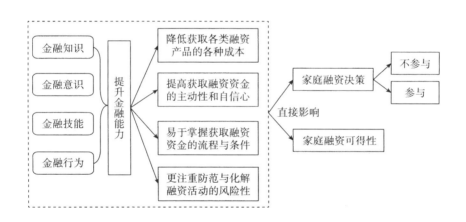

图 5 – 1　农村人口金融能力对融资决策及融资可得性的影响机理

（一）金融知识对农村人口家庭融资决策及融资可得性的影响

金融知识主要包括通胀知识、利率知识、存款知识等六种知识，主要通过问题答案的正确与否判断受访者的金融知识水平。金融知识作为一种重要的认知能力，可以有效缓解家庭金融排斥难题（周洋等，2018），提升家庭参与金融市场的积极性，增进家庭对存款、贷款和保险等金融产品的理解，提高金融产品的可

得性；还可以降低家庭参与高成本或高风险借贷行为的概率（李云峰等，2018），做出更合理的金融决策行为。具体而言，农村人口掌握一定的利率知识、小额贷款知识、保险知识等金融知识，可以有效地减少农村人口开展各种融资活动中面临信息不对称的现象，降低获得最新融资政策、融资信息和融资产品的搜寻成本、辨识成本等各类成本。农村人口掌握越充分的金融知识，会越清楚如何更好地利用这些融资政策、信息和产品来获得更多所需要的融资资金，不仅可以提高农村人口获取融资资金的主动性和自信心，还易于掌握获取融资资金的流程与条件，更准确地表达出自身的融资需求，进而做出合适自身的融资决策，提高其融资可得性。同时，农村人口对投资风险知识的了解程度越高，会促使农村人口有越高的融资风险意识，有利于促使农村人口做出更科学、合理的融资决策，从而更便捷地获取普惠金融机构的资金支持。因此，农村人口金融知识增加会提升其金融能力，有利于农村人口做出科学合理的融资决策，并降低获取各种融资产品的各类成本、提高获取融资资金的主动性和自信心、易于掌握获取融资资金的流程与条件等，进而不断提高农村人口家庭的融资可得性。

（二）金融意识对农村人口家庭融资决策及融资可得性的影响

金融意识包括信用维护意识、金融教育意识、金融风险意识等五种意识，主要通过受访者的态度来反映金融意识的高低。金融意识作为个体金融行为的内生动力，可以直接影响家庭融资决策及融资可得性。具体而言，农村人口不断增强信用维护意识，会促使农村人口更珍视与积累个人信用，提高获取融资资金的主动性和自信心；还可以促使其防范各种不合理的融资决策来损害个人信用行为，更注重防范与化解融资活动的风险性，促使农村人口更慎重地做出各种融资决策，从而利于获取普惠金融机构的融资资金，提高家庭融资可得性。农村人口金融教育意识的提高，意味着农村人口更重视金融教育，促使其主动、积极地接受金融教育，通过提高金融知识和技能来合理做出融资决策，易于掌握获取融资资金的流程与条件。同时，农村人口通过金融教育意识，能够精准地辨识与理解各种融资产品，从而选择出合适的融资产品，提高其融资可得性。金融风险意识、金融投资意识、金融责任意识等金融意识的提高会促使农村人口正确认知金融风险、金融收益与成本、金融合同的权利与义务等，更准确地表达自身的融资需求，利于注重防范与化解融资活动的风险性；不断促使农村人口开展适合的金融投资活动，降低获取各种融资产品的各类成本，不断提高金融投资的收益。而金融意识较弱的农村人口家庭由于自身的局限性，也更有可能向非正规金融机构寻求借贷（周天芸、钟贻俊，2013），增加家庭的借贷风险和借贷成本。因此，农村人口金融意识增加会提升其金融能力，从而会提高获取融资资金的主动性和自信心、注重防范与化解融资活动的风险性、易于掌握获取融资资金的流程与条件、降低获取各种融资产品的各类成本等，进而做出合理的融资决策，不断提高农村人口家庭的融资可得性。

1. 金融技能对农村人口家庭融资决策及融资可得性的影响

金融技能分别是数字计算技能、阅读理解技能、纸币辨伪技能三种技能，主要通过金融技能的多寡来判断受访者金融技能水平的高低。金融技能是人脑加工、存储与提取金融知识，解决实际问题的能力，而收集、整理和分析金融信息是家庭融资决策中必不可少的部分（Baron，2004）。具体来看，农村人口不断提高数学计算技能，可以确保农村人口在比较和选择各种融资产品时能够正确计算，从而避免出现信息混淆或恶意欺诈现象，降低获取各种融资产品的各类成本。阅读理解技能的提高会促使农村人口在融资决策过程中能够明确融资合同的条款、收益与风险等，易于农村人口掌握获取融资资金的流程与条件，提高获取融资资金的主动性和自信心、注重防范与化解融资活动的风险性，从而提高融资可得性。纸币辨伪技能可以帮助农村人口避免在融资资金过程中收到假币带来的损失，提高获取融资资金的主动性和自信心。目前农村人口获得融资资金一般都是转账进行，该影响力在逐渐削弱。因此，农村人口金融技能增加会提升其金融能力，从而会降低获取各种融资产品的各类成本、易于掌握获取融资资金的流程与条件、提高获取融资资金的主动性和自信心以及注重防范与化解融资活动的风险性等，进而做出合理的融资决策，不断提高农村人口家庭的融资可得性。

2. 金融行为对农村人口家庭融资决策及融资可得性的影响

金融行为主要包括金融咨询行为、金融纠纷处理行为、金融产品选择行为三种行为，主要通过了解受访者金融行为的多寡来判断其金融行为水平。金融行为是指个体应对金融问题所做出的现实性反应。具体而言，金融咨询行为可以帮助农村人口在面临融资困惑时寻求合适的解决办法，可以促使农村人口与普惠金融机构工作人员更便捷地沟通与交流融资产品，消除信息不对称问题和融资困惑，并能够准确地确定自身的融资需求，提高农村人口获取融资资金的主动性和自信心，进而可以提高融资可得性。金融纠纷处理行为可以确保农村人口在发生融资纠纷事件时，保障其合法的金融权益，注重防范与化解融资活动的风险性，提高农村人口获取融资资金的主动性和自信心。普惠金融产品选择行为帮助农村人口在购买和选择融资产品时能够对同一金融机构的不同融资产品和不同金融机构的同质融资产品进行比较和选择，精准地辨识与理解融资产品，进而选择适合自身最优的融资产品，提高农村人口获取融资资金的主动性和自信心。因此，农村人口金融行为增加会提升其金融能力，从而提高农村人口获取融资资金的主动性和自信心、注重防范与化解融资活动的风险性等，进而做出合理的融资决策，不断提高农村人口家庭的融资可得性。

综上所述，由金融知识、金融意识、金融技能、金融行为四方面影响农村人口金融能力提升，农村人口金融能力提升会具体通过降低获取各种融资产品的各类成本、提高获取融资资金的主动性和自信心、易于掌握获取融资资金的流程与条件、注重防范与化解融资活动的风险性等方式来做出合理的融资决策，不断提高农村人口家庭的融资可得性。

三、内生性讨论

由于农村人口金融能力和农村人口家庭融资决策、融资可得性之间可能存在着反向因果关系、遗漏重要变量而导致的内生性问题。第一，农村人口金融能力和家庭融资决策、融资可得性之间可能存在相互因果关系，表现为农村人口家庭积极参与融资决策，获得融资可得性越高，能够积极参与金融活动来获取金融知识与技能、培养金融意识等，会促使农村人口金融能力提升；第二，可能遗漏重要变量会导致低估或高估农村人口金融能力对家庭融资决策、融资可得性的影响；第三，农村人口金融能力的衡量本身可能存在一定的偏差，受访农村人口对金融能力相关问题的回答可能不准确，导致出现低估或高估农村人口金融能力的情况。

因此，笔者选用工具变量以正确地破解农村人口金融能力对家庭融资决策及融资可得性的结果所带来的误差问题。参照尹志超等（2014）的做法，我们选用同一地区其他人的平均金融能力指数，即社区居民平均金融能力（扣除单个个体金融能力）作为金融能力工具变量。其原因在于，农村人口可以通过向周边其他人学习提升金融能力，但其他人的金融能力相对家庭都是外生的，不受受访农村人口及受访农村人口家庭的影响。因此，本书认为同一地区其他人的平均金融能力和农村人口家庭融资决策、融资可得性之间是严格外生的，没有直接关系。

第二节　各变量描述性的统计结果

一、农村人口家庭融资决策及融资可得性的描述性分析

根据实地调研的数据可知，在 1058 户农村人口家庭中，有 422 户农村人口家庭参与融资决策，占样本农村人口家庭总数的 39.887%；有 636 户农村人口家庭没有参与融资决策，占比为 60.113%，说明农村人口家庭参与融资决策还较低。其中，在 535 户农村低收入人口家庭中，有 203 户农村低收入人口家庭参与融资决策，仅占样本农村低收入人口家庭总数的 37.944%；有 332 户农村低收入人口家庭没有参与融资决策，占比为 62.056%。在 523 户农村非低收入人口家庭中，有 219 户农村非低收入人口家庭参与融资决策，占样本农村非低收入人口家庭总数的 41.874%；有 304 户农村非低收入人口家庭没有参与融资决策，占比为 58.126%。可见，农村人口家庭参与融资决策比农村低收入人口家庭高 1.943%，比农村非低收入人口家庭低 1.987%（见表 5-2）。说明目前我国农村低收入人口家庭参与融资决策的现象低于农村非低收入人口家庭和农村人口家庭。

表 5-2　家庭融资决策及融资可得性描述性统计

指标	农村人口			农村非低收入人口			农村低收入人口		
	观测值	均值	方差	观测值	均值	方差	观测值	均值	方差
融资决策 FD	1058	0.399	0.490	523	0.419	0.494	535	0.379	0.486
融资可得性 FA	422	0.772	0.325	219	0.878	0.261	203	0.657	0.248

在 422 户参与融资决策的农村人口家庭中，其融资可得性的均值为 0.772，

说明农村人口家庭的融资可得性还较低，其融资需求还没有得到有效满足，融资缺口还较大，还面临着较为严重的融资约束问题。在 203 户参与融资决策的农村低收入人口家庭中，其融资可得性的均值为 0.657。在 219 户参与融资决策的农村非低收入人口家庭中，其融资可得性的均值为 0.878。可见，农村人口家庭的融资可得性比农村低收入人口家庭高 0.115，比农村非低收入人口家庭低 0.106（见表 5 - 2），说明目前我国农村低收入人口家庭的融资可得性低于农村非低收入人口家庭和农村人口家庭。表 5 - 3 反映了金融能力分位数下的农村人口、农村非低收入人口、农村低收入人口家庭融资决策及融资可得性的均值情况。具体而言，笔者将金融能力指数分为 5 分位，对比分析农村人口、农村非低收入人口、农村低收入人口家庭融资决策及融资可得性在不同金融能力水平下的变化情况及趋势。结果显示，农村人口、农村非低收入人口、农村低收入人口随着金融能力分位数越高，其家庭融资决策及家庭融资可得性均呈现增加趋势。由此，笔者认为农村人口金融能力对家庭融资决策及融资可得性大体呈正相关关系。另外，对比农村非低收入人口、农村人口来说，在相同的金融能力分位数上的农村低收入人口的家庭融资决策和家庭融资可得性更低。

表 5 - 3　金融能力 5 分位数下的家庭融资决策及融资可得性均值

变量		金融能力分位数下的家庭融资决策及融资可得性均值					均值	观测值
		1	2	3	4	5		
家庭融资决策	农村人口	0.146	0.155	0.440	0.460	0.791	0.399	1058
	农村非低收入人口	0.190	0.190	0.250	0.543	0.923	0.419	523
	农村低收入人口	0.093	0.121	0.178	0.692	0.813	0.379	535
家庭融资可得性	农村人口	0.232	0.670	0.965	0.985	1.00	0.772	422
	农村非低收入人口	0.417	0.965	0.991	1.00	1.00	0.878	219
	农村低收入人口	0.160	0.459	0.752	0.951	0.975	0.657	203

二、金融能力指标的描述性分析

金融能力指标的具体描述性分析见第四章表 4 - 9 和表 4 - 11。

三、控制变量的描述性分析

表5-4为模型中各控制变量的描述性统计。依据调研数据发现，农村人口的平均年龄为47.334岁，说明大部分被调查农村人口处于中年阶段。在农村人口中，58.20%为男性，86.20%的农村人口婚姻状况稳定。在受教育程度方面，36.20%的农村人口学历在小学及以下，45.65%的农村人口为初中学历，仅有18.15%的农村人口具有高中及以上学历，说明农村人口受教育程度较低。74.10%的农村人口健康状况都还不错。在农村人口家庭供养方面，其家庭供养比达到0.491，说明农村人口家庭供养负担普遍较重。在家庭经营类型上，有高达70.42%的农村人口为兼业农户，16.64%为普通农户，12.94%为非纯农户，说明农村人口大部分家庭从事农业、外出打工等兼业活动，为兼业农户。仅有30.20%的农村人口家庭中有亲戚朋友在金融机构或政府上班，说明有69.80%的农村人口大多没有很好的家庭社会关系。我国农村人口家庭人均纯收入均值为1.513万元，2018年我国贫困标准线为0.35万元，说明当前农村人口家庭收入大幅度增加，这与我国脱贫攻坚已取得显著成效有关。同时，我国农村人口家庭固定资产平均总值为15.087万元，说明我国农村人口家庭固定资产财富积累也较多。

表5-4　其他控制变量的描述性统计

指标	农村人口		农村非低收入人口		农村低收入人口	
	均值	方差	均值	方差	均值	方差
Age（年龄）	47.334	9.455	44.585	8.637	50.021	9.456
Age2（年龄2）	23.298	9.328	20.623	7.901	25.913	9.866
Gender（性别）	0.582	0.493	0.577	0.494	0.587	0.493
Marriage（婚姻状况）	0.862	0.345	0.941	0.236	0.785	0.411
Education（受教育程度）	1.865	0.819	2.277	0.829	1.462	0.572
Ratio（家庭供养比）	0.491	0.255	0.366	0.221	0.613	0.225
Type（家庭经营类型）	1.963	0.543	2.224	0.493	1.708	0.463
Relation（家庭社会关系）	0.302	0.460	0.491	0.500	0.118	0.323
Income（家庭总收入）	6.264	5.791	9.550	6.447	2.904	1.736
Income2（家庭人均纯收入）	1.513	1.248	2.273	1.369	0.770	0.362
Asset（家庭固定资产）	15.087	16.149	22.918	19.780	7.432	5.924
LnAsset（对数化处理后的家庭固定资产）	2.205	1.127	2.813	0.870	1.611	1.029

对比农村低收入人口与农村非低收入人口、农村人口的数据，被调查的农村低收入人口年龄偏大、受教育程度更低、婚姻状况更不稳定、身体健康状况较差一些。农村低收入人口家庭供养比更大，其家庭供养比平均值比农村非低收入人口、农村人口分别高出 0.247 和 0.122。同时，农村低收入人口家庭人均收入水平更低一些，其家庭人均收入平均值比农村非低收入人口、农村人口分别低 1.503 万元和 0.743 万元。此外，农村低收入人口家庭固定资产总值更低一些，其家庭固定资产总值平均值比农村非低收入人口、农村人口分别低 15.486 万元和 7.655 万元。

第三节　金融能力对农村人口家庭融资决策及融资可得性影响的实证分析

一、基准模型设定

(一) 金融能力对农村人口家庭融资决策的影响

农村人口家庭融资决策分为不参与融资决策和参与融资决策两种情况，分别以 0 和 1 表示，即被解释变量为典型的二元离散变量。因此，本部分选用 Probit 二值选择计量模型来探讨金融能力对农村人口家庭融资决策的影响，具体设定形式为：

$$\text{Prob}(FD = 1 \mid X) = \text{Prob}(\alpha FC + \beta X + \mu > 0 \mid X) \tag{5-1}$$

其中，$\mu \sim N(0, \sigma^2)$。FD 为哑变量，FD 等于 1，表示农村人口家庭参与融资决策；FD 等于 0，表示农村人口家庭没有参与融资决策。FC 为金融能力指数，X 为其他控制变量，包括年龄、性别、婚姻状况、受教育程度、家庭供养比、家庭社会关系、家庭固定资产等。α 为金融能力对农村人口家庭融资决策影响的参数向量，是重点关注的变量。β 为其他控制变量对农村人口家庭融资决策影响的参数向量。

此外，由于 Probit 模型的回归结果仅能给出显著性检验结果、参数符号等有限信息，无法直接给出核心变量金融能力及其他控制变量对农村人口家庭融资决策的边际影响系数,即模型的经济含义无法直接观察。因此,为了获得模型的边际系数,本部分进一步计算金融能力对农村人口家庭融资决策的平均边际效用,具体计算方法为:

$$\frac{\partial E(FD \mid FC)}{\partial FC} = \frac{\partial F(\beta^{T}FC)}{\partial FC} = \frac{\partial \varphi(\beta^{T}FC)}{\partial FC} = \varphi(\beta^{T}FC) \times \beta \qquad (5-2)$$

(二)金融能力对农村人口家庭融资可得性的影响

由于农村人口家庭融资可得性的值的区间为[0,1]属于限值因变量。因此,本部分运用 Tobit 模型分析金融能力对农村人口家庭融资可得性的影响,Tobit 模型如下:

$$FA_{i}^{*} = \lambda_{0} + \lambda_{1}FC_{i} + \lambda_{2}X_{i} + \varepsilon_{i} \quad \varepsilon_{i} \sim N(0, \delta^{2}) \qquad (5-3)$$

$$y_{i} = \begin{cases} \alpha, & FA_{i}^{*} \leqslant \alpha \\ FA_{i}^{*}, & \alpha < FA_{i}^{*} < \beta \\ \beta, & \beta \leqslant FA_{i}^{*} \end{cases} \qquad (5-4)$$

式中,FA_{i}^{*} 是因变量,表示第 i 个农村人口家庭融资可得性,FC_{i} 表示第 i 个农村人口金融能力,X_{i} 表示控制变量,λ_{0} 表示常数项,λ_{1}、λ_{2} 是回归系数,ε_{i} 表示随机误差项,α 表示左截取点,β 表示右截取点。在此模型中,$\alpha = 0$,$\beta = 1$。

二、基准模型的实证结果

(一)金融能力对农村人口家庭融资决策影响的实证分析

表 5-5 为金融能力对农村人口家庭融资决策的影响结果。模型一是运用因子分析法计算出的金融能力指数,运用 Probit 模型探讨金融能力对农村人口家庭融资决策的影响,而模型二为该模型的边际效应结果。模型三是考虑金融能力的内生性,选用工具变量,运用 IV - Probit 模型探讨金融能力对农村人口家庭融资决策的影响,而模型四为该模型的边际效应结果。

根据模型一的结果显示,模型似然比检验结果为 410.50,通过了 1% 显著性水平检验,说明模型总体存在意义。在模型三中,Wald 检验为 147.74,内生性检验为 6.61,Prob > chi2 为 0.010,说明在 1% 显著水平上通过内生性检验,说明金融能力是内生变量。因此,金融能力对农村人口家庭融资决策的影响结果以模型三为准。

普惠金融发展中农村人口金融能力提升研究

表5－5　金融能力对农村人口家庭融资决策的影响结果

变量	模型一 Probit 模型	模型二 ProbitME	模型三 IV－Probit 模型	模型四 IV－ProbitME
FC（Index）	2.320***	0.637***	1.036*	0.323**
	(0.165)	(0.034)	(0.534)	(0.151)
Age（年龄）	0.052	0.014	0.063	0.020
	(0.040)	(0.011)	(0.039)	(0.012)
Age2（年龄2）	-0.070*	-0.019*	-0.087**	-0.027**
	(0.041)	(0.011)	(0.040)	(0.013)
Gender（性别）	0.112	0.031	0.145	0.045
	(0.094)	(0.026)	(0.092)	(0.029)
Marriage（婚姻状况）	0.235	0.064	0.253*	0.079*
	(0.148)	(0.040)	(0.144)	(0.045)
Education（受教育程度）	-0.207**	-0.057**	-0.107	-0.033
	(0.086)	(0.024)	(0.092)	(0.028)
Ratio（家庭供养比）	0.554**	0.152**	0.255	0.080
	(0.228)	(0.062)	(G.251)	(0.076)
Type（家庭经营类型）	0.036	0.010	0.013	0.004
	(0.118)	(0.032)	(0.114)	(0.036)
Relation（家庭社会关系）	0.723***	0.198***	0.994***	0.310***
	(0.130)	(0.034)	(0.148)	(0.053)
Income（家庭总收入）	-0.789***	-0.217***	-0.590***	-0.184***
	(0.115)	(0.030)	(0.145)	(0.039)
Asset（家庭固定资产）	-0.039	-0.011	0.053	0.017
	(0.072)	(0.020)	(0.077)	(0.024)
_cons	-0.412	—	-1.106	—
	(1.078)	—	(1.078)	—
LR chi2/ Wald chi2	410.50***	—	147.74***	
R²	0.289	—	—	—
Wald 检验	—	—	6.61	
Prob > chi2	—	—	0.010	
Obs	1058	1058	1052	1052

注：＊表示 p＜0.05，＊＊表示 p＜0.01，＊＊＊表示 p＜0.001，括号内的数字为标准差，以下同。

根据模型三和模型四的结果可知，核心变量金融能力通过了1%显著性水平检验，边际系数为0.323，说明金融能力对农村人口家庭融资决策产生显著的正向影响。可能的原因在于，农村人口拥有越强的金融能力，说明农村人口对普惠金融机构的融资政策、融资申请条件与流程、融资成本等相关融资知识和技能越了解，其积极参与金融活动的意识越强，越会促使农村人口更愿意通过融资活动方式来获取资金进行生产经营活动，故其家庭参与融资决策的概率越高。另外，金融能力越高的农村人口，还可能拥有适度负债来满足家庭融资需求的意识，通过适度负债来平滑家庭当期生产、消费的资金需求，进而可以提高家庭效用水平。

在农村人口家庭特征变量中，婚姻状况通过了10%的显著性水平检验，回归系数为正，婚姻状况对农村人口家庭融资决策产生显著的正向影响，说明婚姻状况越稳定的农村人口家庭，其参与融资决策的可能性越大。这可能是由于婚姻状况越稳定的农村人口家庭，其夫妻双方会更愿意共同努力、协同合作地去赚取更多的家庭收入和追求更高质量的生活。为此，婚姻状况越稳定的农村人口家庭，可能会积极通过融资方式去满足组织生产经营、创业经商等生产性活动的资金需求，以赚取更多的收入；或者满足更多的生活性活动的资金需求，以提高家庭消费层次和水平，追求更高质量的生活，其融资需求和参与融资决策的可能性越高。

家庭社会关系通过了1%的显著性水平检验，回归系数为正，说明农村人口家庭中有人在金融机构或政府部门工作，其家庭参与融资决策的可能性越高。这可能是由于家庭中有人在金融机构或政府部门上班，说明农村人口家庭往往有较强的社会关系。社会关系具有传递信息（Hong，2004）、分摊风险（Munshi，2010）等功能，可以帮助农村人口家庭能够掌握更多的融资政策和信息后，越能提高参与融资决策的可能性，做出合理的融资决策。此外，社会关系的互动对农村人口家庭参与融资决策还会产生"同群效应"（柴时军，2016）。有亲戚朋友在金融机构或者政府工作上班的农村人口家庭参与融资决策水平往往高于其平均水平，这些亲戚朋友能够带动农村人口家庭更加积极参与融资决策。

家庭总纯收入通过了1%的显著性水平检验，回归系数为负，说明家庭总收入对农村人口家庭融资决策产生显著的负向影响，说明家庭总纯收入水平越高的农村人口家庭，其家庭参与融资决策的可能性概率越低。这可能是因为家庭总收入越高的农村人口家庭，其家庭总收入可以满足日常的生产生活需要，面临较低的融资需求，使其参与融资决策的可能性较低。

表 5 - 6 和表 5 - 7 分别为金融能力对农村非低收入人口、农村低收入人口家庭融资决策的回归结果。模型一是运用因子法计算得出的金融能力对农村非低收入人口（农村低收入人口）家庭融资决策的影响结果，而模型二为该模型的边际效应结果。模型三是选用金融能力工具变量，运用 IV - Probit 模型探讨金融能力对农村非低收入人口（农村低收入人口）家庭融资决策的影响结果，而模型四为该模型的边际效应结果。其中，表 5 - 6 中模型三的 DWH 检验为 0.96，Prob > chi2 为 0.328，说明未通过显著性水平检验，故认为金融能力不是内生变量。因此，金融能力对农村非低收入人口家庭融资决策的影响结果以模型一为准。表 5 - 7 中模型三的 DWH 检验为 3.45，Prob > chi2 为 0.063，说明在通过 10% 的显著性水平检验，故认为金融能力是内生变量。因此，金融能力对农村低收入人口家庭融资决策的影响结果以模型三为准。

表 5 - 6　金融能力对农村非低收入人口家庭融资决策的影响结果

变量	模型一 Probit 模型	模型二 ProbitME	模型三 IV - Probit 模型	模型四 IV - ProbitME
FC（Index）	2.517***	0.655***	3.435***	0.850***
	(0.269)	(0.056)	(0.818)	(0.166)
Age（年龄）	-0.036	-0.009	-0.070	-0.017
	(0.060)	(0.016)	(0.065)	(0.016)
Age2（年龄2）	0.054	0.014	0.099	0.025
	(0.066)	(0.017)	(0.075)	(0.018)
Gender（性别）	0.347**	0.090**	0.286*	0.071*
	(0.142)	(0.036)	(0.159)	(0.041)
Marriage（婚姻状况）	0.133	0.035	0.031	0.008
	(0.311)	(0.081)	(0.330)	(0.082)
Education（受教育程度）	-0.026	-0.007	-0.053	-0.013
	(0.120)	(0.031)	(0.121)	(0.030)

续表

变量	模型一 Probit 模型	模型二 ProbitME	模型三 IV - Probit 模型	模型四 IV - ProbitME
Ratio（家庭供养比）	- 0.054 (0.321)	- 0.014 (0.084)	0.137 (0.381)	0.0340 (0.094)
Type（家庭经营类型）	0.284* (0.158)	0.074* (0.041)	0.272* (0.155)	0.067* (0.038)
Relation（家庭社会关系）	1.161*** (0.176)	0.302*** (0.040)	0.861** (0.394)	0.213** (0.104)
Income（家庭总收入）	- 1.392*** (0.202)	- 0.363*** (0.046)	- 1.505*** (0.199)	- 0.372*** (0.044)
Asset（家庭固定资产）	- 0.038 (0.124)	- 0.010 (0.032)	- 0.130 (0.145)	- 0.032 (0.035)
_cons	1.018 (1.425)	—	2.128 (1.641)	—
LR chi2/ Wald chi2	243.93***		192.21***	
R^2	0.343	—	—	—
Wald 检验	—	—	0.96	
Prob > chi2	—	—	0.328	
Obs	523	523	520	520

表5-7 金融能力对农村低收入人口家庭融资决策的影响结果

变量	模型一 Probit 模型	模型二 ProbitME	模型三 IV - Probit 模型	模型四 IV - ProbitME
FC（Index）	2.556*** (0.229)	0.621*** (0.037)	1.494** (0.637)	0.428*** (0.144)
Age（年龄）	0.112 (0.083)	0.027 (0.020)	0.093 (0.082)	0.027 (0.023)
Age2（年龄2）	- 0.126 (0.080)	- 0.031 (0.019)	- 0.111 (0.078)	- 0.0320 (0.022)
Gender（性别）	- 0.143 (0.138)	- 0.035 (0.034)	- 0.104 (0.136)	- 0.030 (0.039)

变量	模型一 Probit 模型	模型二 ProbitME	模型三 IV – Probit 模型	模型四 IV – ProbitME
Marriage（婚姻状况）	0.192 (0.180)	0.047 (0.044)	0.184 (0.177)	0.053 (0.050)
Education（受教育程度）	- 0.022 (0.147)	- 0.005 (0.036)	0.078 (0.152)	0.022 (0.044)
Ratio（家庭供养比）	1.398 *** (0.408)	0.340 *** (0.097)	1.120 *** (0.434)	0.321 *** (0.113)
Type（家庭经营类型）	- 0.490 ** (0.199)	- 0.119 ** (0.047)	- 0.487 ** (0.194)	- 0.139 ** (0.055)
Relation（家庭社会关系）	0.342 (0.235)	0.083 (0.057)	0.606 ** (0.260)	0.174 ** (0.082)
Income（家庭总收入）	- 0.088 (0.165)	- 0.021 (0.040)	0.048 (0.177)	0.014 (0.051)
Asset（家庭固定资产）	0.002 (0.091)	0.001 (0.022)	0.067 (0.095)	0.019 (0.028)
_cons	- 2.085 (2.285)	— —	- 2.018 (2.224)	— —
LR chi2/ Wald chi2	250.44 ***	—	69.38 ***	—
R^2	0.353	—	—	—
Wald 检验	—	—	3.45	—
Prob > chi2	—	—	0.063	—
Obs	535	535	532	532

对比表 5 – 5、表 5 – 6 和表 5 – 7 的结果，笔者发现相似性结果为：金融能力、家庭社会关系对农村人口、农村非低收入人口和农村低收入人口家庭融资决策均产生显著的正向影响。说明农村人口、农村非低收入人口和农村低收入人口的金融能力提升、家庭社会关系提高均会促使其家庭参与融资决策增多。

三个表中差异化结果为：

第一，性别对农村非低收入人口家庭融资决策产生显著的正向影响，对农村人口、农村低收入人口家庭融资决策不产生显著影响。这说明农村非低收入人口中男性更倾向于参与融资决策。可能原因在于，农村非低收入人口家庭受"男主外，女主内"的传统思想影响，其家庭的重大经济决策一般由男性掌握最终决定权。同时，相较于女性而言，农村非低收入人口家庭中男性赚取收入能力越强，其风险偏好更强，更愿意为家庭日后发展而适当负债。因此，农村非低收入人口中男性更愿意参与或做出融资决策的可能性越大。

第二，婚姻状况对农村人口家庭融资决策产生显著的正向影响，对农村低收入人口、农村非低收入人口家庭融资决策均不产生显著影响。说明婚姻状况越稳定的农村人口家庭，越愿意通过融资方式来赚取更多的收入和追求更高的生活质量，其融资需求会越大，因此其家庭参与融资决策的可能性越高。

第三，家庭供养比对农村低收入人口家庭融资决策产生显著正向影响，对农村非低收入人口、农村人口家庭融资决策无显著影响。可能的原因是，农村低收入人口家庭中供养比越大，即家庭中未成年小孩和丧失劳动能力的人占家庭总人口的比重越大，其家庭负担往往较重，家庭总收入难以满足日常生活生产等开支，家庭往往越会面临较大的融资缺口，故其家庭参与融资决策可能性更高。而农村非低收入人口、农村人口家庭供养比往往较低，说明其负担较低，对其家庭参与融资决策影响均不大。

第四，家庭经营类型对农村低收入人口家庭融资决策产生显著的负向影响，而对农村非低收入人口家庭融资决策产生显著的正向影响，对农村人口家庭融资决策不产生显著影响。这可能是由于农业生产活动同时面临自然风险、市场风险等，导致农业生产的收益相对较低。相较于兼业农户和非纯农户而言，从事纯农业生产的普通农户家庭收入水平较低，储蓄不足，面临着较强的融资需求动机，更需要参与融资决策来获得融资资金。农村低收入人口家庭主要为普通农户，从事农业生产，导致对其家庭融资决策的影响为负向影响。而农村非低收入人口家庭主要为兼业农户和非纯农户，更多从事一些非农业生产，导致对其家庭融资决策的影响为正向影响，其影响符号有差异。

第五，家庭总纯收入与农村人口、农村非低收入人口家庭融资决策呈显著负向影响，与农村低收入人口家庭融资决策之间无显著的影响。说明家庭总收入水平越高的农村人口和农村非低收入人口家庭，其家庭参与融资决策的可能性概率越低。这可能是因为家庭总收入越高的农村人口和农村非低收入人口家庭，其家庭总收入可以满足日常的生产生活需要,其面临较低的融资需求,使参与融资决策的可能性较低。而农村低收入人口家庭总纯收入水平对家庭融资决策没有显著的影响,其可能的原因在于,我国农村低收入人口的家庭总纯收入普遍都较低,无显著差异性,导致家庭总纯收入变量影响不显著。

(二)金融能力对农村人口家庭融资可得性影响的实证分析

表 5 - 8 为金融能力对农村人口家庭融资可得性的影响结果。模型五是运用因子分析法计算出的金融能力指数,运用 Tobit 模型探讨金融能力对农村人口家庭融资可得性的影响,而模型六为该模型的边际效应结果。模型七是考虑金融能力的内生性,选用工具变量,运用 IV - Tobit 模型探讨金融能力对农村人口家庭融资可得性的影响,而模型八为该模型的边际效应结果。

模型五的结果显示,模型似然比检验结果为637.80,通过了1%显著性水平检验,说明模型存在意义。模型七中,依据模型的 Wald 检验为529.57,内生性检验为0.04,Prob > chi2 为0.8481,说明模型在84.81%的显著性水平检验下才通过内生性检验,说明金融能力不是内生变量。因此,金融能力对农村人口家庭融资可得性的影响结果以模型五为准。

表 5 - 8 金融能力对农村人口家庭融资可得性的影响结果

变量	模型五 Tobit 模型	模型六 TobitME	模型七 IV - Tobit 模型	模型八 IV - TobitME
FC（Index）	0.9777 ***	0.3358 ***	0.9453 ***	0.3275 ***
	(0.0575)	(0.0154)	(0.1777)	(0.0525)
Age（年龄）	0.0046	0.0016	0.0055	0.0019
	(0.0161)	(0.0055)	(0.0168)	(0.0058)
Age2（年龄2）	-0.0087	-0.0030	-0.0099	-0.0034
	(0.0162)	(0.0056)	(0.0173)	(0.0060)
Gender（性别）	-0.0022	-0.0007	-0.0015	-0.0005
	(0.0304)	(0.0104)	(0.0306)	(0.0106)
Marriage（婚姻状况）	0.0274	0.0094	0.0286	0.0099
	(0.0407)	(0.0140)	(0.0412)	(0.0143)
Education（受教育程度）	0.0372	0.0128	0.0395	0.0137
	(0.0291)	(0.0100)	(0.0314)	(0.0110)

续表

变量	模型五 Tobit 模型	模型六 TobitME	模型七 IV – Tobit 模型	模型八 IV – TobitME
Ratio（家庭供养比）	0.0096	0.0033	0.0040	0.0014
	(0.0769)	(0.0264)	(0.0822)	(0.0285)
Type（家庭经营类型）	-0.0768**	-0.0264**	-0.0744*	-0.0258**
	(0.0366)	(0.0125)	(0.0386)	(0.0131)
Relation（家庭社会关系）	0.0298	0.0102	0.0362	0.0126
	(0.0402)	(0.0138)	(0.0527)	(0.0185)
Income2（家庭人均纯收入）	-0.0080	-0.0027	-0.0052	-0.0018
	(0.0272)	(0.0094)	(0.0307)	(0.0106)
Asset（家庭固定资产）	0.1662***	0.0571***	0.1695***	0.0587***
	(0.0223)	(0.0073)	(0.0283)	(0.0105)
_cons	0.3320	—	0.3048	—
	(0.4292)		(0.4530)	
LR chi2/ Wald chi2	637.80***	—	529.57***	—
pseudo R^2	0.8600	—		
Wald 检验	—	—	0.04	
Prob > chi2			0.8481	
Obs	422	422	420	420

根据模型五和模型六的结果可知，核心变量金融能力通过了1%的显著性水平检验，边际系数为 0.336，说明金融能力对农村人口家庭融资可得性产生显著的正向影响。原因可能在于：一是金融能力越高的农村人口获得融资政策和融资信息越多，更容易理解和选择合适的普惠金融产品和服务，对融资申请条件及申请流程越熟悉，促使其获取金融产品的成本也会越低，客观上可以提高农村人口的融资可得性。二是金融能力越高的农村人口，其信用意识、金融风险意识等金融意识往往较强，普惠金融机构愿意给予这些金融能力越高的农村人口家庭更多的融资机会，其提供的融资额度也会越高，均有助于提高其融资可得性。

在农村人口家庭特征变量中，家庭经营类型对农村人口家庭融资可得性产生显著的负向影响。这可能是得益于目前我国各级政府为扶持农业生产、农村产业发展制定一些无息贷款、低息贷款等扶持政策，提高从事农业生产的农村人口更易于获得金融机构的融资资金。

家庭固定资产总值对农村人口家庭融资可得性产生显著正向影响，通过1%的显著性水平检验。这可能是因为，家庭固定资产总值越多的农村人口家庭，其抵押担保品价值越高。在实践中，普惠金融机构虽然响应政府政策号召，努力为农村人口提供融资服务，但普惠金融机构往往还是追求利润最大化的群体，在为农村人口提供融资服务时还是会设置各种融资门槛，如抵押品数量。普惠金融机构为农村人口提供的融资额度与农村人口抵押担保品价值往往还是成正比关系。农村人口家庭拥有固定资产总值越多，其融资可得性越高。

表5-9和表5-10分别为金融能力对农村非低收入人口、农村低收入人口家庭融资可得性的回归结果。模型五是运用因子法计算得出的金融能力对农村非低收入人口（农村低收入人口）家庭融资可得性的影响，模型六为该模型的边际效应。模型七是选用工具变量，运用IV-Tobit模型探讨金融能力对农村非低收入人口（农村低收入人口）家庭融资可得性的影响，模型八为该模型的边际效应。其中，表5-9中模型七的内生性检验为0.00，Prob>chi2为0.9620，说明模型在96.2%的显著性水平下才通过内生性检验，笔者认为在10%显著性水平下金融能力不是内生变量，说明金融能力对农村非低收入人口家庭融资可得性的影响结果以模型五为准。表5-10中模型七的内生性检验为0.09，Prob>chi2为0.7664，说明模型在76.64%的显著性水平下才通过内生性检验，笔者认为在10%显著性水平下金融能力不是内生变量，说明金融能力对农村低收入人口家庭融资可得性的影响结果以模型五为准。

表5-9　金融能力对农村非低收入人口家庭融资可得性的影响结果

变量	模型五 Tobit 模型	模型六 TobitME	模型七 IV – Tobit 模型	模型八 IV – TobitME
FC （Index）	0.9476 *** (0.0649)	0.2217 *** (0.0122)	0.9580 *** (0.2293)	0.2250 *** (0.0513)
Age （年龄）	− 0.0019 (0.0126)	− 0.0004 (0.0029)	− 0.0022 (0.0146)	− 0.0005 (0.0034)

续表

变量	模型五 Tobit 模型	模型六 TobitME	模型七 IV – Tobit 模型	模型八 IV – TobitME
Age2 （年龄2）	0.0034	0.0008	0.0038	0.0009
	(0.0133)	(0.0031)	(0.0161)	(0.0038)
Gender （性别）	- 0.0409	- 0.0096	- 0.0411	- 0.0097
	(0.0336)	(0.0078)	(0.0340)	(0.0079)
Marriage （婚姻状况）	- 0.0792	- 0.0185	- 0.0801	- 0.0188
	(0.0672)	(0.0156)	(0.0697)	(0.0163)
Education （受教育程度）	- 0.0220	- 0.0052	- 0.0225	- 0.0053
	(0.0277)	(0.0065)	(0.0294)	(0.0069)
Ratio （家庭供养比）	0.0816	0.0191	0.0830	0.0195
	(0.0676)	(0.0157)	(0.0737)	(0.0171)
Type （家庭经营类型）	- 0.0386	- 0.0090	- 0.0391	- 0.0092
	(0.0365)	(0.0085)	(0.0381)	(0.0089)
Relation （家庭社会关系）	- 0.0654	- 0.0153	- 0.0687	- 0.0161
	(0.0491)	(0.0115)	(0.0845)	(0.0198)
Income2 （家庭人均纯收入）	0.0530 *	0.0124 *	0.0527 *	0.0124 *
	(0.0303)	(0.0071)	(0.0310)	(0.0073)
Asset （家庭固定资产）	0.2373 ***	0.0555 ***	0.2359 ***	0.0554 ***
	(0.0273)	(0.0062)	(0.0404)	(0.0097)
_cons	0.2389	—	0.2501	—
	(0.3221)		(0.3993)	
LR chi2/ Wald chi2	327.62 ***	—	504.69 ***	—
pseudo R^2	1.1105	—	—	—
Wald 检验	—	—	0.00	—
Prob > chi2	—	—	0.9620	—
Obs	219	219	218	218

表 5 – 10　金融能力对农村低收入人口家庭融资可得性的影响结果

变量	模型五 Tobit 模型	模型六 TobitME	模型七 IV – Tobit 模型	模型八 IV – TobitME
FC （Index）	0.9132 ***	0.4193 ***	0.9801 ***	0.4476 ***
	(0.0751)	(0.0299)	(0.2381)	(0.0948)

续表

变量	模型五 Tobit 模型	模型六 TobitME	模型七 IV - Tobit 模型	模型八 IV - TobitME
Age（年龄）	-0.0072	-0.0033	-0.0080	-0.0036
	(0.0257)	(0.0118)	(0.0259)	(0.0118)
Age2（年龄2）	0.0033	0.0015	0.0046	0.0021
	(0.0252)	(0.0116)	(0.0257)	(0.0117)
Gender（性别）	0.0255	0.0117	0.0243	0.0111
	(0.0404)	(0.0185)	(0.0408)	(0.0186)
Marriage（婚姻状况）	0.0481	0.0221	0.0491	0.0224
	(0.0485)	(0.0222)	(0.0488)	(0.0222)
Education（受教育程度）	0.0849 **	0.0390 **	0.0773	0.0353
	(0.0399)	(0.0184)	(0.0475)	(0.0222)
Ratio（家庭供养比）	-0.1801	-0.0827	-0.1711	-0.0781
	(0.1376)	(0.0629)	(0.1412)	(0.0648)
Type（家庭经营类型）	-0.0345	-0.0158	-0.0401	-0.0183
	(0.0503)	(0.0231)	(0.0539)	(0.0244)
Relation（家庭社会关系）	0.0793	0.0364	0.0719	0.0328
	(0.0534)	(0.0244)	(0.0589)	(0.0273)
Lncome2（家庭人均纯收入）	0.0528	0.0242	0.0359	0.0164
	(0.0563)	(0.0258)	(0.0801)	(0.0369)
LnAsset（家庭固定资产）	0.1380 ***	0.0634 ***	0.1352 ***	0.0618 ***
	(0.0288)	(0.0128)	(0.0304)	(0.0141)
_cons	0.6309	—	0.6561	—
	(0.6834)		(0.6902)	
LR chi2/Wald chi2	301.84 ***	—	286.44 ***	—
pseudo R^2	0.7875	—		—
Wald 检验	—	—	0.09	
Prob > chi2	—	—	0.7664	
Obs	203	203	202	202

对比表 5-8、表 5-9 和表 5-10 的结果，笔者发现相似性结果为：金融能力、家庭固定资产总值对农村人口、农村非低收入人口和农村低收入人口家庭融

资可得性均产生显著的正向影响。说明农村人口、农村非低收入人口和农村低收入人口的金融能力提升、家庭固定资产总值提高均会促使其家庭融资可得性提高。

三个表中差异化结果为：

第一，受教育程度对农村低收入人口家庭融资可得性产生显著的正向影响，而对农村非低收入人口、农村人口家庭融资可得性没有产生显著影响。这可能是由于受教育程度越高的农村低收入人口，更容易通过多渠道来获取最新普惠金融政策、融资信息、融资产品等，更易于理解与掌握融资信息及条件等，还可以准确掌握生产技术和提高生产经营能力，其赚取收入能力和偿债能力越强，越有利于农村低收入人口获得普惠金融机构的融资资金，提高融资可得性。同时，农村低收入人口拥有越高的受教育程度，往往意味着其在当地的社会地位越高、人际关系往往越广，可以更容易地获取普惠金融机构的关系型融资，可以提高其融资可得性。因此，普惠金融机构更愿意为受教育程度越高的农村低收入人口发放融资资金，其融资可得性越高。这也恰恰可以印证农村低收入人口扶智教育的重要性。农村低收入人口通过教育扶贫方式提升其教育水平，可以帮助农村低收入人口提高融资可得性，通过教育与金融结合方式来消除贫困代际传递的问题。

第二，家庭经营类型对农村人口家庭融资可得性产生显著的负向影响，对农村非低收入人口、农村低收入人口家庭融资可得性没有产生显著影响。这可能是得益于我国目前各级政府为扶持农业生产、农村产业发展制定一些无息贷款、低息贷款等扶持政策，提高从事农业生产的农村人口更易于获得金融机构的融资资金。

第三，家庭人均纯收入对农村非低收入人口家庭融资可得性产生显著的正向影响，而对农村人口、农村低收入人口家庭融资可得性不产生显著影响。说明家庭人均纯收入越高的农村非低收入人口，其家庭融资可得性水平越高。这可能是由于农村非低收入人口收入水平成为金融机构衡量其还贷能力的重要依据之一，故人均纯收入越高的农村非低收入农户，其家庭融资可得性越高。而农村低收入人口家庭人均纯收入未通过显著性水平检验，可能是由于我国农村低收入人口的人均纯收入普遍较低，从金融机构获得的融资资金多为国家扶贫政策支持下的无息贷款或低息贷款，故金融机构在发放融资资金时并没有过分看重农村低收入人口的收入水平。

第四节　稳健性检验

为了检验本章实证结果的稳健性，参考尹志超等（2014）的做法，用替换核心解释变量来进行模型的稳健性检验。运用加总法计算得出的金融能力得分替换运用因子分析法所得的金融能力指数，其实证模型及控制变量则与前文一致。研究发现，核心解释变量（金融能力）回归系数的方向、显著性水平与前文基本相似（见表5－11和表5－12），其基本保持不变，说明本章的研究结论具有较好的稳健性。

表5－11　金融能力对农村家庭融资决策的影响：稳健性检验

变量	农村人口 模型九 Probit 模型	农村非低收入人口 模型九 Probit 模型	农村低收入人口 模型九 Probit 模型
FC（Sum）	0.124 ***	0.137 ***	0.133 ***
	(0.010)	(0.016)	(0.013)
Age（年龄）	0.040	−0.040	0.079
	(0.040)	(0.059)	(0.081)
Age2（年龄2）	−0.055	0.057	−0.093
	(0.041)	(0.065)	(0.078)
Gender（性别）	0.121	0.379 ***	−0.147
	(0.093)	(0.139)	(0.136)
Marriage（婚姻状况）	0.211	0.126	0.156
	(0.146)	(0.309)	(0.176)
Education（受教育程度）	−0.164 **	0.016	−0.024
	(0.084)	(0.116)	(0.142)
Ratio（家庭供养比）	0.551 **	−0.003	1.311 ***
	(0.227)	(0.317)	(0.403)
Type（家庭经营类型）	0.007	0.239	−0.500 **
	(0.115)	(0.154)	(0.194)

续表

变量	农村人口 模型九 Probit 模型	农村非低收入人口 模型九 Probit 模型	农村低收入人口 模型九 Probit 模型
Relation（家庭社会关系）	0.751 ***	1.160 ***	0.387 *
	(0.128)	(0.173)	(0.229)
Income（家庭总收入）	-0.758 ***	-1.318 ***	-0.114
	(0.112)	(0.196)	(0.161)
Asset（家庭固定资产）	-0.028	-0.050	0.026
	(0.070)	(0.121)	(0.089)
_cons	-2.493 **	-1.479	-3.664
	(1.059)	(1.379)	(2.231)
LR chi2	375.08 ***	224.50 ***	227.69 ***
R^2	0.263	0.316	0.321
Obs	1058	523	535

表 5-12　金融能力对农村家庭融资可得性的影响：稳健性检验

变量	农村人口 模型十 Tobit 模型	农村非低收入人口 模型十 Tobit 模型	农村低收入人口 模型十 Tobit 模型
FC（Sum）	0.055 ***	0.054 ***	0.051 ***
	(0.004)	(0.004)	(0.005)
Age（年龄）	-0.005	-0.009	-0.013
	(0.018)	(0.016)	(0.028)
Age2（年龄2）	0.000	0.009	0.009
	(0.018)	(0.016)	(0.028)
Gender（性别）	0.000	-0.021	0.013
	(0.033)	(0.039)	(0.044)
Marriage（婚姻状况）	0.017	-0.090	0.031
	(0.045)	(0.082)	(0.053)
Education（受教育程度）	0.038	-0.018	0.083 *
	(0.031)	(0.032)	(0.044)
Ratio（家庭供养比）	0.044	0.127	-0.193
	(0.083)	(0.080)	(0.152)

续表

变量	农村人口 模型十 Tobit 模型	农村非低收入人口 模型十 Tobit 模型	农村低收入人口 模型十 Tobit 模型
Type（家庭经营类型）	-0.088 ** (0.040)	-0.058 (0.041)	-0.052 (0.056)
Relation（家庭社会关系）	0.051 (0.044)	-0.026 (0.055)	0.087 (0.058)
Income2（家庭人均纯收入）	-0.002 (0.029)	0.065 * (0.035)	0.060 (0.062)
Asset（家庭固定资产）	0.173 *** (0.024)	0.243 *** (0.032)	0.138 *** (0.032)
_cons	-0.415 (0.472)	-0.550 (0.388)	-0.058 (0.752)
LR chi2	604.62 ***	304.47 ***	280.05 ***
R^2	0.815	1.032	0.731
Obs	422	219	203

第五节　本章小结

本章以 4 省 9 县 1058 户农村人口（其中，523 户农村非低收入人口、535 户农村低收入人口）的实地调研数据，实证检验了农村人口金融能力对普惠金融发展的影响。将衡量普惠金融发展指标设定为农村人口家庭融资决策和融资可得性，即实证研究农村人口金融能力对家庭融资决策和融资可得性的影响。具体分别运用 Probit 模型和 Tobit 模型实证分析农村人口金融能力对家庭融资决策和融资可得性的影响，选用社会居民平均金融能力作为工具变量，使用 IV - Probit 模型和 IV - Tobit 模型进行内生性检验，并运用加总法得出的金融能力总值作为变量对模型进行稳健性检验。并且，运用对比法分析农村人口与农村非低收入人口、农村低收入人口金融能力对家庭融资决策和融资可得性影响的相似性和差异化结果。

研究发现：①农村人口家庭参与融资决策还较低，仅占样本农村人口家庭总数的 39.887%。农村人口家庭融资可得性的均值为 0.772，说明融资可得性还较低，其融资需求还没有得到有效满足，融资缺口还较大，还面临着较为严重的融资约束问题。②农村人口金融能力对家庭融资决策和融资可得性均产生显著的正向影响。说明农村人口金融能力提高，可以提高家庭融资决策和融资可得性，即实证检验了农村人口金融能力提升可以促使普惠金融发展。③金融能力、家庭社会关系对农村人口、农村非低收入人口和农村低收入人口家庭融资决策均产生显著的正向影响。但性别、婚姻状况、家庭供养比、家庭经营类型、家庭总收入等因素对农村人口、农村非低收入人口和农村低收入人口家庭融资决策产生差异化的影响。④金融能力、家庭固定资产总值对农村人口、农村非低收入人口和农村低收入人口家庭融资可得性均产生显著的正向影响。受教育程度、家庭经营类型、家庭人均纯收入等因素对农村人口、农村非低收入人口和农村低收入人口家庭融资可得性产生差异化的影响。为此，需要不断提升农村人口金融能力，以促使普惠金融可持续发展。

第六章　普惠金融发展中提升农村人口金融能力的影响因素分析

从前文中可以发现，当前我国农村人口金融能力较低的现状，会直接影响到农村人口对所需金融资源的可获得性，使农村人口难以通过金融方式参与到社会经济活动当中，导致其难以分享到经济金融发展带来的成果和红利，难以实现长久增收和持续致富的目标。同时，农村人口的金融能力较低，也难以从根本上破解农村人口的信贷约束问题，影响普惠金融发展目标的实现，还容易导致普惠金融发展模式依旧遵循政府自上而下的外力推动发展，而抑制农村普惠金融自下而上的内生成长发展，从而制约了农村普惠金融发展。为此，我们还亟须不断地提升农村人口金融能力。那么，在当前普惠金融不断发展中，提升农村人口金融能力到底受到哪些因素影响呢？在现有研究成果中，已有一些国内外学者分别从金融机构、政府部门、居民自身等维度探讨了影响提升居民金融能力（金融知识或素养）的因素。

关于金融机构提升居民金融能力方面的研究。Sherraden 和 Ansong（2016）、张欢欢和熊学萍（2018）、吴卫星等（2018）、李明贤和吴琦（2018）认为，金融机构需要不断创新金融产品和服务，还需要加强普惠金融教育，从而有效提升居民金融素养或金融能力水平。胡振和苏日乐（2019）、杨柳和刘芷欣（2019）、刘自强和樊俊颖（2019）认为，金融机构举办金融知识有奖竞猜、开展金融知识普及和金融教育活动等，可以增强居民金融知识理解、提高金融产品可得性等，进而提高居民金融素养。张号栋和尹志超（2016）、余文建等（2017）、Lusardi（2019）、何学松和孔荣（2019）、曹瓅和罗剑朝（2019）认为，金融机构要开展各类金融知识推广活动，利用互联网、手机、社会网络等渠道面向居民传递金融咨询和金融教育，并将居民金融教育与实务技能培训有机结合，可以有效提升居民金融素养或能力。

关于政府部门提升居民金融能力方面的研究。张欢欢和熊学萍（2018）、Luukkanen 和 Uusitalo（2018）、刘国强（2018）、边瑞云（2019）认为，政府机构或教育部门推动金融知识纳入国民教育战略，需要针对不同居民特点制定差别化的金融教育方案和不断调整金融教育模式，重视居民金融意识培训，促使居民积极在参与金融活动中提升金融素养。龚毓烨（2019）、刘波等（2019）、董晓林等（2019）认为，中国人民银行、银保监会等部门开展金融知识宣传活动、政府部门将金融教育纳入国民教育体系、建立公众金融教育平台等，会直接影响居民金融素养的提升。Birkenmaier 等（2018）、何学松和孔荣（2019）认为，政府不仅要加强金融教育、打击非法金融活动，还需要不断加强金融基础设施建设，以提高居民金融素养。Bongomin 等（2018）、谭燕芝和彭千芮（2019）认为，政府大力发展普惠金融，让弱势群体公平地享受金融服务，可以解决弱势群体金融排斥问题，并不断提高其金融素养或能力。

关于居民自身提升居民金融能力方面的研究。胡振和臧日宏（2017）、苏岚岚和孔荣（2019）、王姣等（2019）认为，消费者在客观评估自身金融素养的基础上，通过加强自我学习金融知识与金融技能，强化金融意识，可以提高自身金融素养水平。魏丽萍（2018）认为，金融消费者需要自主地获取更多的金融知识和技能，不断提高自身风险识别能力和金融素养水平，从而可以有效降低金融决策带来的风险和损失。何学松和孔荣（2019）认为，农户要充分利用外部有效资源去获取投资理财的技能与信息，不断提高其金融意识，可以不断提高农民金融素养水平。李明贤和吴琦（2018）、陈姿和罗荷花（2019）、曹瓅和罗剑朝（2019）认为，居民加强学习金融知识、增强金融意识、提高金融技能等，可以有效提升金融能力。

可见，虽然国内外学者对居民金融能力提升有丰硕的研究成果，也分别从金融机构、政府部门、居民自身等方面分析了这些因素对居民金融能力提升产生重要影响，但把金融机构、政府部门、居民自身作为一个整体来研究的成果还不多见。而且，目前大多数关于居民金融能力研究聚焦于金融知识或金融素养，与居民金融能力提升研究还是有较大的差别。另外，农村人口这一弱势群体存在特殊性，其影响金融能力提升的因素也存在特殊性。因此，本章在当前我国农村普惠金融发展大力发展背景下，构建了由农村人口自身因素、普惠金融机构因素、政府及其他部门因素组成的提升农村人口金融能力影响因素的理论模型，并运用结构方程模型，实证分析了普惠金融发展中提升农村人口金融能力的影响因素，以期为提升农村人口金融能力提供思路。

第一节 普惠金融发展中提升农村人口金融能力的影响因素的理论分析

农村人口拥有提升金融能力的自我意识、主动提高学习金融知识和技能、积极参与各种金融活动，均有利于提升其金融能力，是提升农村人口金融能力的主要因素。另外，普惠金融机构为农村人口制定金融提升工作方案、开发与创新适合的普惠金融产品和服务、加强金融知识宣传、开展金融教育和指导等，让农村人口积极参与到金融活动中，进而通过不断实践、体验、参与等方式提升其金融能力，是提升农村人口金融能力的重要因素。此外，政府及其他部门制定扶持政策、完善农村金融基础设施、不断完善法律规章制度等，可以帮助普惠金融机构更好地针对农村人口开展金融能力提升工作，也可以激励农村人口主动地提升能力，均有利于提升农村人口金融能力，是提升农村人口金融能力的重要因素。为此，本章从农村人口自身因素、普惠金融机构因素、政府及其他部门因素三个方面深入分析提升农村人口金融能力的影响因素。提升农村人口金融能力的影响路径包括：农村人口自身因素对其提升金融能力有直接影响、普惠金融机构因素通过农村人口对其提升金融能力有间接影响、政府部门因素通过农村人口对其提升金融能力有间接影响。此外，政府及其他部门与普惠金融机构发展之间还存在相互影响（见图 6 - 1）。

一、农村人口自身对提升其金融能力的影响

农村人口自身因素既是影响农村人口提升金融能力的内在因素，也是决定性的、最重要的因素。提升农村人口金融能力归根结底是农村人口自己的事情。无论是政府及其他部门制定农村人口金融能力提升的扶持政策，还是普惠金融加强

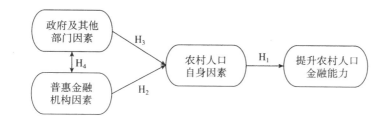

图 6-1 提升农村人口金融能力的影响因素的理论模型及研究假设

金融知识和金融指导，如果农村人口没有发挥自我能动性，这些有利的外界因素也是很难去提升农村人口金融能力。因此，农村人口自我努力程度往往成为可持续提升农村人口金融能力的内生动力。农村人口拥有提升金融能力的自我意识、主动提高学习金融知识和技能、积极参与各种金融活动等，这些均有利于可持续地提升其金融能力。具体而言：

（一）农村人口拥有提升金融能力的自我意识

农村人口自我意识到提升金融能力的必要性和重要性，会促使农村人口更有意识地、有动力地自主提升其金融能力，并在其大脑中不断形成与强化提升金融能力的自我意识。根据西格蒙德·弗洛伊德（2014）的意识层次理论，农村人口提升金融能力意识还会慢慢地形成自我的潜意识和无意识，进而对个体的金融行为活动产生重要影响。随着农村人口拥有提升金融能力的自我意识不断增强，其自我对金融教育的重视程度越高，农村人口越会积极、主动地寻求和接受金融教育、参与金融培训等活动，从而不断丰富自身金融知识和技能的储备，并自主将所学习到的金融知识和技能运用于日常金融活动当中，以此优化金融行为，实现其金融能力提升。

（二）农村人口主动提高学习金融知识和技能

农村人口学习金融知识和技能的主动性越高，越能够提高农村人口自主学习的动机，甚至促使农村人口在不依靠外界推力的情况下也会自觉地把握各种学习金融知识和技能的机会。这种主动性来源于农村人口的自身，并不断驱使自己形成提升金融能力的原动力，从而实现个体的自我发展。同时，农村人口还会自主地积极参与到普惠金融机构、政府及其他部门开展的金融知识宣传、金融教育和指导等活动中，并提高其金融知识和技能的可获得性，以此不断增强农村人口自身的金融知识和技能。

(三) 农村人口积极参与各种金融活动

农村人口自身参与金融活动的积极性较高，越有利于减少农村人口对普惠金融产品与服务的自我排斥，也有利于提高农村人口获取普惠金融产品与服务的可获得性。同时，农村人口在参与各种金融活动当中，能够不断纠正金融知识或技能的认知错误、修正金融意识偏差、调整与优化金融行为偏移，在农村人口自主摸索和实践中不断提高其金融知识、技能及意识水平，并不断优化其金融行为，进而促使其金融能力提升。

因此，本书提出假设一 (H1)：农村人口自身因素对提升其金融能力有直接影响。

二、普惠金融机构对提升农村人口金融能力的影响

普惠金融机构因素是影响农村人口提升金融能力的重要的外在因素。随着普惠金融在我国农村地区蓬勃发展，越来越多的普惠金融机构积极为农村人口提供普惠金融业务，重视农村人口金融能力提供工作。普惠金融机构为农村人口制定金融提升工作方案、开发与创新适合的普惠金融产品和服务、加强金融知识宣传、开展金融教育和指导等，通过农村人口自身对其提升金融能力产生间接影响。具体而言：

(一) 普惠金融机构制定农村人口金融提升工作方案

普惠金融机构重视农村人口金融能力提升的程度越高，并以可持续提升农村人口金融能力为目标，越会制定具体针对农村人口金融能力提升的工作计划及实施方案。普惠金融机构针对农村人口特色而创新适合的普惠金融产品和服务、加强金融知识宣传、开展金融教育和指导等提升农村人口金融能力的具体方案内容，并且让农村人口能够积极参与到普惠金融机构的方案和具体工作中，进而让农村人口通过"干中学"方式来实现其金融能力提升。为此，普惠金融机构制定农村人口金融提升工作方案，说明普惠金融机构重视农村人口金融能力提升工作的程度越高，越有利于调动普惠金融机构开展普惠业务和金融能力提升工作的积极性，为农村人口提升金融能力创造有利的外界环境。

（二）普惠金融机构开发与创新适合的普惠金融产品和服务

普惠金融机构以持久提升农村人口的金融能力为目标、以农村人口金融需求为导向，针对不同类型、不同年龄层次的农村人口特点积极开发与创新出适合的普惠金融产品和服务。普惠金融机构为农村人口提供具有特色化的、易理解的、高质量的、多样化的普惠金融产品和服务，能够有效地提高农村人口金融服务需求的满足程度。普惠金融机构在提供普惠金融产品和服务过程中深入贯彻"人人具有平等金融权"的普惠理念，让农村人口自主意识到获取金融服务也是人的一种基本权利，从而促使农村人口可以更积极地、更便捷地获取金融机构的普惠金融产品和服务，并能够在各种普惠金融产品和服务中进行自主比较、从优选择。普惠金融机构通过科技手段、创新方式不断降低农村人口获取普惠金融产品和服务的成本，提高金融服务的质量和效率，有利于促使农村人口获得可负担、供需匹配的普惠金融产品和服务，提高普惠金融产品和服务的可获得性。普惠金融机构要避免因不合适或不负责任的金融产品和服务给农村人口带来金融利益损害问题。普惠金融机构提供安全可靠、负责任的普惠金融服务，让农村人口从中获利，可以提高农村人口自主参与金融活动的自信心和积极性，进而有效提升其金融能力。

（三）普惠金融机构积极加强金融知识宣传

普惠金融机构在为农村人口提供适合的普惠金融产品和服务过程中，还有一项重要工作就是开展金融知识普及与宣传。普惠金融机构加强金融知识宣传，并吸引农村人口积极参与到普惠金融机构组织的金融知识宣传活动当中，可以帮助农村人口有效获取金融知识和技能。当前我国农村人口的金融文盲率还很高，其金融知识的匮乏往往制约着农村人口能否形成正确的金融意识、能够做出科学合理的金融决策等。普惠金融机构可以通过在金融机构的营业大厅或手机终端及时公布最新普惠金融政策和金融产品信息、在农村集市或农村居委会发放金融知识宣传单或普惠读本、发送公益手机短信、微信或小视频、"金融知识进万家"活动等各种不同金融知识宣传活动，让农村人口拥有参与金融知识宣传活动的机会，并积极获取其所需的金融知识和技能。农村人口通过参与普惠金融机构的金融知识宣传活动，可以提高其金融知识和技能的储备水平，并不断培育与强化其提升金融能力的自我意识，进而影响农村人口做出金融决策的质量。

（四）普惠金融机构积极开展金融教育和指导

普惠金融机构积极开展金融教育和指导，可以为农村人口提供针对性强的金融知识和信息，有效解决其在获取普惠金融产品和服务中遇到的难题，促使农村人口积极参与金融活动和获取更多金融技能，并做出科学的金融决策（Chowa，2014；Sherraden，2016；Lusardi，2019）。随着当前金融产品和服务的更加多样化和复杂化，农村人口面临金融欺诈、金融风险的可能性等情况趋增，意味着农村人口更需要普惠金融机构开展金融教育和指导。普惠金融机构针对农村人口提供针对性强的金融教育和培训指导，可以帮助农村人口能够准确理解与辨别普惠金融产品和服务、获取金融知识和技能等，防止农村人口因对现代消费金融产品的好奇与无知，出现盲目追逐消费金融产品形成的过度负债、盲目自信、自负投资等现象，从而有利于实现农村人口金融权益有效保护和实现个体"造血式"的金融能力的内生提升。

因此，本书提出假设二（H2）：普惠金融机构因素通过农村人口对其提升金融能力有间接影响。

三、政府及其他部门对提升农村人口金融能力的影响

政府及其他部门因素是影响提升农村人口金融能力的重要外在因素。政府及其他部门加大制定农村人口金融能力提升的扶持政策、积极开展金融知识宣传和教育指导、加快建设农村金融基础设施、不断完善法律规章制度等，通过影响普惠金融机构和农村人口行为，进而对农村人口金融能力提升产生间接影响。具体而言：

（一）政府及其他部门加大制定金融能力提升的扶持政策

政府及其他部门加大制定农村人口金融能力提升的扶持政策，可以为提升农村人口金融能力提供政策扶持保障。政府及其他部门可以为提升农村人口金融能力工程如普惠金融知识宣传、金融教育和培训项目等提供财政资金支持，不仅体现政府对提升农村人口金融能力工作的重视程度，也引导各普惠金融机构及农村人口自身有动力地提升其金融能力。同时，政府及其他部门设计激励相容机制，具体通过税收优惠政策、货币信贷政策、差异化监管政策等引导普惠金融机构重

视农村人口金融能力提升工作。此外，政府及其他部门的扶持政策还可以有效地帮助农村人口合理使用普惠金融产品及服务，提高其参与金融活动的能力，从而实现脱贫增收、持续致富目标。

（二）政府及其他部门积极开展金融知识宣传和教育指导

政府及其他部门通过积极开展金融知识宣传和教育指导，可以有效提高农村人口的金融知识和技能，为农村人口金融能力提升提供支持保障。政府及其他部门开展金融知识宣传和教育指导，不仅有利于扩展和增加农村人口获取金融知识和教育指导的渠道，还可以丰富农村人口金融知识和技能的储备，培育农村人口正确的金融意识，进而影响其做出适合自身的金融决策。如中国人民银行及金融监管机构开展定期与非定期、集中与非集中的多种形式金融知识普及活动、教育机构可以将金融知识纳入国民教育体系等，由此形成一个金融知识和教育指导的长效机制（中国银行保险监督管理委员会，2018）。政府及其他部门需要针对现有开展农村人口的金融知识和教育指导活动中存在的薄弱环节，提供针对性的破解方案，有利于开展金融知识和教育指导活动。政府及其他部门为农村人口开展针对性的金融知识宣传和金融教育指导，可以让农村人口在生产经营活动中获得必要的金融知识和技能，解决在现实金融活动中所遇问题，增强其金融意识，并通过不断"干中学"方式而提升其金融能力。

（三）政府及其他部门加快建设农村金融基础设施

政府及其他部门加快建设农村金融基础设施，可以为提升农村人口金融能力提供有利的环境支撑保障。具体来看：一是政府及其他部门加强农村信用信息体系建设，将农村人口家庭信息、收入状况、声誉等录入金融机构的信用信息系统。不断完善的信用信息系统能够自动为农村人口提供信用授信，降低普惠金融机构与农村人口之间因信息不对称带来的道德风险及逆向选择，有助于帮助农村人口更快捷地获取信贷及其他普惠金融服务，并降低其金融服务成本。二是政府及其他部门切实加强农村人口的金融权益保护，防止由于农村金融教育落后、金融产品供应商的风险提示不足、金融欺诈等原因导致农村人口遭遇各种金融侵害行为或金融纠纷事件，政府及其他部门需要给予农村人口必要的帮助和保护。三是政府及通信供应商需要针对我国那些数据通信基础设施建设相对落后、偏远的农村地区提供网络设施铺设，加强数字基础设施建设，可以在一定程度上解决农村贫人口的"数字鸿沟"问题，帮助农村人口通过互联网方式更及时地获取金融知识与金融信息，更低成本地获取普惠金融产品与服务，更积极地参与到金融活动当中（贝多广、李焰，2017）。

（四）政府及其他部门不断完善相关法律规章制度

政府及其他部门不断完善相关法律规章制度，可以为提升农村人口金融能力提供法律制度保障。虽然我国现有的《消费者权益保护法》（2014）和《中国人民银行金融消费者权益保护实施办法》（2016）等在一定程度上可以保障居民享受普惠金融服务的权利，可以掌握一定的金融知识和技能。但由于农村金融法、居民金融能力提升的相关法律条款和法律规章制度的缺乏，导致农村人口无法从法律制度层面来保障其获取到所需的普惠金融产品和服务，难以接受到金融知识和教育，进而制约其金融能力提升。为此，政府及其他部门需制定居民金融能力提升的规章条例或法律条款，并且尤其要制定一些农村人口等弱势群体金融能力提升的条例或制度，可以有助于农村人口能够获取所需的普惠金融产品与服务，接受金融教育与培训，从而实现其金融能力持续提升。

因此，本书提出假设三（H3）：政府及其他部门因素通过农村人口对其提升金融能力有间接影响。

此外，政府及其他部门的政策与举措会影响普惠金融机构发展，而普惠金融机构发展会反作用影响政府及其他部门的政策与措施，由此两者形成一个相互影响、相互促进的关系。为此，本书还提出假设四（H4）：政府及其他部门与普惠金融机构发展存在相互影响。

1. 政府及其他部门的政策与举措会影响普惠金融机构可持续发展

政府及其他部门的政策与举措会直接影响普惠金融机构的普惠金融产品和服务的创新、金融知识的宣传、金融教育和培训的开展、法律规章制度的完善等，进而促使普惠金融机构可持续发展。

一是政府及其他部门制定普惠金融机构发展的扶持政策，可以促使作为提供普惠金融产品和服务供给主体的普惠金融机构开展普惠金融产品和服务研发和创新工作，也促使普惠金融机构可持续发展。如中国人民银行对普惠金融实施的定向降准政策，可以鼓励普惠金融机构面向农村人口等弱势群体提供适合的普惠金融产品和服务。同时，政府及其他部门制定优惠利率、提高贷款风险损失容忍度等政策，引导普惠金融机构为农村人口提供信贷支持。此外，政府及其他部门建立普惠金融服务的风险分担补偿基金，对那些普惠金融机构为农村人口提供普惠金融服务而造成的损失给予资金补偿。

二是当前政府及其他部门大力面向农村人口开展金融知识宣传活动、金融教育和培训活动等工作，会激励普惠金融机构依据农村人口的现有知识水平、金融需求特点等制定和开展适合农村人口的金融知识宣传和金融教育培训活动，还可以帮助农村人口提高普惠金融机构的金融产品和服务的可得性，同时也推广普惠金融机构的业务，提高普惠金融机构的利润来源，从而促进普惠金融机构发展。

三是政府及其他部门加快建设农村金融基础设施，鼓励普惠金融机构通过开设物理网点、手机数字设备、代理人等方式在农村偏远地区攻坚金融服务的"最后一公里"难题，实现 ATM、银行卡、POS 机等金融设施在农村地区的不断推广和使用，手机银行、网上支付等金融工具应用覆盖面也不断扩大。普惠金融机构通过不断完善农村金融基础设施，可以促使金融服务突破"最后一公里"，触达到农村人口手中（贝多广、莫秀根，2018）。可见，普惠金融机构的服务边界和深度不断拓展，从而促使普惠金融机构不断发展。

四是政府及其他部门不断完善相关法律规章制度，可以促使普惠金融机构重视为农村人口提供所需的普惠金融产品和服务、维护农村人口的金融权益保护、提升农村人口金融能力等工作。如在国务院印发的《推进普惠金融发展规划（2016—2020）》中，明确金融机构创新普惠金融产品与服务、完善金融基础设施建设等，可以提高普惠金融机构为农村人口提供普惠金融服务和产品的服务能力。政府及其他部门不断地健全普惠金融消费者权益保护法律体系、各类普惠金融机构法律规范等，有利于推进普惠金融机构的服务体系建设，从而为普惠金融机构提高农村人口的金融服务能力而创设有利的外部条件。

2. 普惠金融机构发展会反作用影响政府及其他部门的政策与措施

当前我国普惠金融在农村地区得到快速发展，普惠金融机构为农村人口提供合适的金融产品和服务，并为提升农村人口金融能力工作不断创造有利的外部条件。普惠金融机构在提升农村人口金融能力的成功做法及遇到难题，都会有利于政府及其他部门去及时地、有针对性地调整与优化政府政策、规章制度及各种措施。如当前针对普惠金融机构对提升农村人口金融能力工作不够重视的现象，政府及其他部门可以通过制定税收优惠政策、财政补贴政策等扶持政策、构建双向激励机制、树立金融机构的社会责任意识等方式，促使普惠金融机构能够从内在动力上真正重视和开展农村人口金融能力的提升工作。政府及其他部门还可以收集和宣传那些有效提升农村人口金融能力而带来强大的社会效益，且可以创造良好的机构财务效应的普惠金融机构的典型案例或成功做法，并给予普惠金融机构一些奖励措施，可以促使以后更多的普惠金融机构加入提升农村人口金融能力当中。

第二节　普惠金融发展中提升农村人口金融能力的影响因素的实证分析

一、数据来源

本章数据来源于 2018 年 8～12 月课题组选取农村人口、普惠金融机构工作人员、政府及其他部门工作人员、教育及研究机构工作人员四个群体作为调查对象，通过各群体对提升农村人口金融能力的影响因素的衡量指标的态度判断来真实地反映出各影响因素之间的关系以及各因素对提升农村人口金融能力的影响。本次调查总共发放 1300 份问卷，其中每个群体各发放 300 份，收回有效问卷1187 份，有效率为 91.31%，其中，农村人口群体收回 295 份问卷、普惠金融机构工作人员收回 296 份问卷、政府及其他部门工作人员收回 297 份问卷、教育及研究机构工作人员收回 299 份问卷，分别占总有效问卷比重为 24.85%、24.94%、25.02%、25.19%。

数据显示，样本调查对象的年龄在 30 岁以下有 92 人，占样本调查对象总数的 7.75%；30～45 岁有 487 人，占比为 41.03%；45～60 岁有 506 人，占比为42.63%；60 岁及以上有 102 人，占比为 8.59%。样本调查对象的受教育程度为初中及以下有 293 人，占样本调查对象总数的 24.68%，且样本数都是来自农村人口群体，说明目前我国农村人口群体的受教育程度较低。样本调查对象的受教育程度为高中、中专或技校有 264 人，占比为 22.24%；受教育程度为大学或大专有 341 人，占比为 28.73%；受教育程度为硕士及以上有 289 人，占比为 24.35%。样本调查对象的家庭人均可支配收入为 1 万元以下有 302 人，占比为 25.44%；家庭人均可支配收入为 1 万~3 万元有 362 人，占比为 30.50%；家庭人均可支配收入为 3 万~6 万元有 320 人，占比为 26.96%；家庭人均可支配收入为 6 万元以上有 203 人，占比为 17.10%（见表 6-1）。

表 6-1　样本调查对象基本情况　　　　　单位：人,%

农户人口变量	类别	人数	比例
年龄	30 岁以下	92	7.75
	30~45 岁	487	41.03
	45~60 岁	506	42.63
	60 岁及以上	102	8.59
受教育程度	初中及以下	293	24.68
	高中、中专或技校	264	22.24
	大学或大专	341	28.73
	硕士及以上	289	24.35
家庭人均可支配收入	1 万元以下	302	25.44
	1 万~3 万元	362	30.50
	3 万~6 万元	320	26.96
	6 万元以上	203	17.10

表 6-2 为本章构建的提升农村人口金融能力影响因素的指标体系及问卷收集具体指标的基本情况。在研究我国农村人口金融能力提升的实际情况后，构建以农村人口自身因素、普惠金融机构因素、政府及其他部门因素、提升农村人口金融能力 4 个潜在变量，以及由 15 个可观察指标的题项来测度潜在变量。每个可观察指标的题项的答案选项有 7 个选项，并根据选项进行相应赋值。其中，"完全不同意"赋值为 1、"较不同意"赋值为 2、"有些不同意"赋值为 3、"中立"赋值为 4、"有些同意"赋值为 5、"比较同意"赋值为 6 和"非常同意"赋

值为 7（罗荷花、欧阳佳俊，2019）。

表 6 - 2　提升农村人口金融能力影响因素的指标体系及其量表情况

潜在变量	编号	可观察指标的题项	均值	标准差
农村人口 自身因素	RP1	农村人口自身提升金融能力的自我意识较高	5.242	1.392
	RP2	农村人口自身学习金融知识和技能的主动性较高	5.217	1.405
	RP3	农村人口自身参与金融活动的积极性较高	5.052	1.512
普惠金融 机构因素	FI1	普惠金融机构积极制定农村人口金融提升工作方案	5.232	1.435
	FI2	普惠金融机构积极创新适合的普惠金融产品和服务	5.243	1.407
	FI3	普惠金融机构积极加强金融知识宣传	5.244	1.434
	FI4	普惠金融机构积极开展金融教育和指导	5.336	1.388
政府及其他 部门因素	GD1	政府及其他部门加大制定金融能力提升的扶持政策	4.840	1.504
	GD2	政府及其他部门积极开展金融知识宣传和教育指导	5.332	1.409
	GD3	政府及其他部门加快建设农村金融基础设施	5.226	1.416
	GD4	政府及其他部门不断完善相关法律规章制度	5.198	1.523
提升农村人口 金融能力	FC1	农村人口金融知识水平得到明显提高	5.196	1.433
	FC2	农村人口金融技能水平得到明显提高	5.144	1.433
	FC3	农村人口金融意识水平得到明显提高	5.063	1.481
	FC4	农村人口金融行为得到明显优化	4.858	1.567

二、模型选取

结构方程模型（Structural Equation Modeling，SEM）又称为协方差结构模型或者是线性结构关系模型，是一种研究多个变量的重要统计方法。由于社会经济研究中有些变量无法直接测度，即潜在变量，而传统研究方法中因子分析法、多重回归法、协方差分析法等无法解决潜在变量及其这些潜在变量之间的关系，结构方程模型可以很好地解决这个问题。结构方程模型是建立在已有因果理论的基础上，探索潜在变量（不可观察变量，需要通过外显指标间接测度）、显性变量（观测变量）、误差变量等之间的关系，并用路径图、因果模式等形式来表达变量之间的关系以及得到自变量对因变量的总体效果、间接效果和直接效果。该模型具体是由测量模型和结构模型两个模型组成。其中，测量模型是阐述潜在变量与显性变量之间的关系模型，而结构模型是阐述潜在变量之间的关系以及其他无法做出说明内容的模型（吴明隆，2010）。由于农村人口金融能力提升、农村人口自身因素、政府及其他部门因素、普惠金融机构因素等衡量指标在现实情况中存在难以直接测度或衡量问题。因此，本章基于上述四个研究假设，选用结构方程模型对普惠金融发展中提升农村人口金融能力的影响因素的理论模型进行实证检验。

三、信度和效度检验

本章运用 SPSS 21.0 选取 Cronbach's α 系数、KMO 检验、Bartlett 球形检验对 1187 份样本数据进行信度和效度检验。

对于四个构面数据及整体样本数据的信度检验，本书运用的是 Cronbach's α 系数检验。如果 Cronbach's α 系数大于 0.8，说明信度就是非常好的；如果 α 系数为 0.7 ~ 0.8，说明信度是可以接受的；如果 α 系数小于 0.7，说明信度是不足信的。由于四个构面数据的 Cronbach's α 系数均大于 0.9，说明这些构面数据的信度是非常好的。样本数据总体 Cronbach's α 系数为 0.969，说明总体信度也是非常好的。

对于四个构面数据及整体样本数据的效度检验，本书运用的是 KMO 检验和 Bartlett 球形检验。如果 KMO 值小于 0.5，表示极不适合；KMO 值为 0.5 ~ 0.7，说明不太合适；KMO 值为 0.7 ~ 0.8，说明一般；KMO 值为 0.8 ~ 0.9，说明适合；KMO 值大于 0.9，说明非常适合。由于样本数据总体 KMO 指数为 0.973，说明总体效度非常适合。样本数据总体 Bartlett 球形检验的近似卡方值达到 18183.07，P 值为 0.000，通过 1% 的显著性水平检验，说明总体效度非常好。四个构面数据的 Bartlett 球形检验均通过 1% 的显著性水平检验，说明效度都非常好。由此可以发现四个构面数据和总体数据都通过了信度和效度分析（见表 6-3）。

表 6-3　构面的信度和效度分析

研究构面	具体指标	构面信度分析	构面效度分析（KMO 检验和 Bartlett 球形度检验）		
		Cronbach's α 值	KMO 检验值	Bartlett 球形度检验的近似卡方值	Bartlett 球形度检验的 P 值
普惠金融机构因素	FI1	0.904	0.851	2971.245	0.000 < 0.001
	FI2				
	FI3				
	FI4				
农村人口自身因素	RP1	0.930	0.766	2895.305	0.000 < 0.001
	RP2				
	RP3				
政府及其他部门因素	GD1	0.912	0.850	3277.115	0.000 < 0.001
	GD2				
	GD3				
	GD4				
提升农村人口金融能力	FC1	0.940	0.851	2971.245	0.000 < 0.001
	FC2				
	FC3				
	FC4				

四、模型参数估计、适配度检验及估计结果

（一）模型参数估计值

在样本数据通过信度和效度检验之后，本书采用极大似然估计，通过非标准化回归系数和标准化回归系数两种方法来衡量结构方程模型的非标准化参数估计值和标准化参数估计值。表 6-4 为各种参数的估计结果。

（二）适配度检验

结构方程模型的适配度指标用来检验模型中假设的路径分析模型图与采集样本实际数据之间相互适配的程度。如果模型的适配度越佳，说明研究者假设的模

表 6 - 4　构面中各种参数的估计结果

构面	指标	模型参数估计值				
		非标准化 参数估计值	标准误 S. E.	临界比 C. R	显著性 P 值	标准化 参数估计值
普惠金融 机构因素	FI1	1.019	0.060	16.586	***	0.837
	FI2	0.981	0.063	15.971	***	0.822
	FI3	1.025	0.060	17.379	***	0.843
	FI4	1.000	—	—	—	0.850
农村人口 自身因素	RP1	0.929	0.018	50.294	***	0.910
	RP2	0.916	0.019	47.384	***	0.889
	RP3	1.000	—	—	—	0.902
政府及其他 部门因素	GD1	1.000	—	—	—	0.832
	GD2	1.000	0.026	38.565	***	0.888
	GD3	0.947	0.027	35.048	***	0.837
	GD4	1.038	0.029	36.126	***	0.853
提升农村人口 金融能力	FC1	1.000	—	—	—	0.900
	FC2	0.992	0.021	47.789	***	0.893
	FC3	1.034	0.021	48.915	***	0.901
	FC4	1.065	0.023	45.696	***	0.877

注：在 AMOS 导出结果中：＊＊＊表示显著性概率值 P < 0.001；＊＊表示 P < 0.01；＊表示 P < 0.1。

型图比较符合实际数据的状况，即两者之间越适配。本章从绝对适配度指标和增值适配度指标两个方面来检验模型的适配度。其中，绝对适配度指标包括 χ^2 值（卡方值）、RMSEA 值（渐进残差均方和平方根）、GFI 值（适配度指数）、AGFI 值（调整后适配度指数），增值适配度指标包括 IFI 值（增值适配指数）、TLI 值（非规准适配指数）、NFI 值（规准适配指）、CFI 值（比较适配指数）。χ^2 值的显著性概率值小于 0.05 时，说明模型适配度好。RMSEA 值为 0.05 ~ 0.08，说明模型适配度合理；RMSEA 值小于 0.05，说明模型适配度理想。GFI 值、AGFI 值、IFI 值、TLI 值、NFI 值、CFI 值的临界值大于 0.9，说明这些指标显示模型适配度理想。根据这些适配度指标的判别原则，从表 6 - 5 可知，整个假设模型与实际数据的适配度很好。

普惠金融发展中农村人口金融能力提升研究

表 6 - 5 模型适配度指标的适配度判断

指标	绝对配适度指标				增值配适度指标			
	χ^2 值	RMSEA 值	GFI 值	AGFI 值	IFI 值	TLI 值	NFI 值	CFI 值
实际拟合值	0.000	0.052	0.959	0.943	0.985	0.982	0.980	0.985
判定参考值	$p<0.050$	<0.080	>0.9	>0.9	>0.9	>0.9	>0.9	>0.9
适配判断	理想	适配合理	理想	理想	理想	理想	理想	理想

注：χ^2 值的实际拟合值显示为 χ^2 值的显著性概率 P 值。

（三）模型估计结果与中介效应分析

依照上述的研究假设及理论模型路径，运用极大似然法对模型参数进行估计，得到非标准化参数估计结果、标准化参数估计结果以及各路径系数（见表 6-6、图 6-2）。

表 6-6 SEM 模型路径系数估计结果及显著性检验

路径内容	模型参数估计值				
	非标准化路径系数估计	标准误 S. E.	C. R	P	标准化路径系数估计
农村人口自身因素→农村人口金融能力	0.917	0.020	45.428	***	0.969
政府及其他部门因素→农村人口自身因素	0.562	0.043	13.150	***	0.515
普惠金融机构因素→农村人口自身因素	0.482	0.045	10.784	***	0.417
政府及其他部门因素↔普惠金融机构因素	1.249	0.067	18.707	***	0.848

注：在 AMOS 导出结果中：*** 表示显著性概率值 P<0.001；** 表示 P<0.01；* 表示 P<0.1。

同时，在各路径系数都显著的情况下，我们对结构方程模型的各路径开展中介效应分析（温忠麟、叶宝娟，2014），得到模型估计结果如下：

（1）农村人口自身因素对农村人口金融能力的路径系数为 0.969（见表 6-7），且路径系数的 P 值在 1% 的水平下显著，说明农村人口自身因素对农村人口金融能力有显著的正向影响，假设一得以验证。

（2）普惠金融机构因素对农村人口自身因素、农村人口自身因素对提升农村人口金融能力的路径系数分别为 0.417 及 0.969，且路径系数的 P 值在 1% 的水平下显著，且间接效应系数为 0.404（0.417×0.969，见表 6-8），说明普惠金

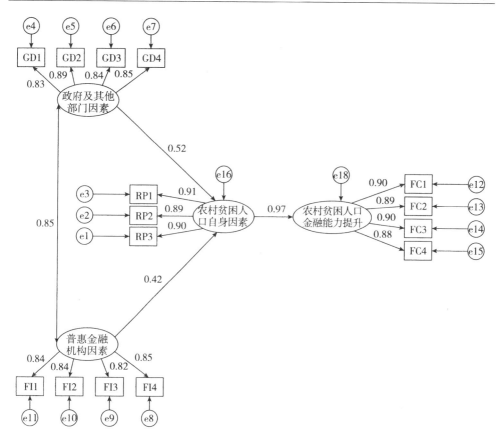

图 6-2　结构方程标准化参数估计结果

表 6-7　标准化直接效应分析结果

	政府及其他部门因素	普惠金融机构因素	农村自身因素	提升农村人口金融能力
农村人口自身因素	0.515	0.442	0.000	0.000
提升农村人口金融能力	0.000	0.000	0.969	0.000

表 6-8　标准化间接效应分析结果

	政府及其他部门因素	普惠金融机构因素	农村人口自身因素	提升农村人口金融能力
农村人口自身因素	0.000	0.000	0.000	0.000
提升农村人口金融能力	0.499	0.404	0.000	0.000

融机构因素通过农村人口自身因素对农村人口金融能力提升产生显著的正向的间接影响，假设二得以验证。

（3）政府及其他部门因素对农村人口自身因素、农村人口自身因素对提升农村人口金融能力的路径系数分别为 0.515 及 0.969，且路径系数的 P 值在 1% 的水平下显著，且间接效应系数为 0.499（0.515×0.969，见表 6-8），说明政府及其他部门因素通过农村人口自身因素对提升农村人口金融能力产生显著的正向的间接影响，假设三得以验证。

（4）政府及其他部门因素与普惠金融机构因素之间的互动影响系数为 0.848，且路径系数的 P 值在 1% 的水平下显著。说明政府及其他部门因素和普惠金融机构因素两者之间存在显著的正向影响，假设四得以验证。

五、模型检验结论

通过对模型参数估计结果和中介效应进行深入分析和检验，研究发现：

（1）农村人口自身因素、政府及其他部门因素和普惠金融机构因素对提升农村人口金融能力均产生显著的正向因素，三者均是提升农村人口金融能力的重要影响因素。

（2）农村人口自身因素对提升农村人口金融能力产生直接的、显著的正向影响，且影响系数最大，说明农村人口自身因素是提升农村人口金融能力的决定性的因素，也是最关键的因素。农村人口自身通过拥有提升金融能力的自我意识、主动提高学习金融知识和技能、积极参与各种金融活动等方式，作为内在因素直接地可持续提升其金融能力。

（3）政府及其他部门因素通过农村人口自身因素对提升农村人口金融能力产生间接的、显著的正向影响。说明政府及其他部门通过制定农村人口金融能力提升的扶持政策、开展金融知识宣传和教育指导、不断完善法律规章制度等，作为外在因素间接地提升农村人口金融能力。

（4）普惠金融机构因素通过农村人口自身因素对提升农村人口金融能力产生间接的、显著的正向影响。说明普惠金融机构通过开发与创新适合的普惠金融产品和服务、加强金融知识宣传、开展金融教育和指导等方式，作为外在因素间接地提升农村人口金融能力。

（5）通过比较路径系数中直接和间接效应系数可知，农村人口自身因素对农村人口金融能力的直接效应均大于普惠金融机构因素、政府及其他部门因素对农村人口金融能力的间接效应。并且，政府及其他部门因素（0.499）对提升农村人口金融能力的间接效应要大于普惠金融机构因素的间接效应（0.404）。说明相比普惠金融机构因素而言，政府及其他部门因素对提升农村人口金融能力的影响更大。

为什么政府及其他部门因素比普惠金融机构因素对提升农村人口金融能力的影响更大呢？造成这种结果可能的原因在于：

一是当前政府强有力主导和严格控制下开展自上而下的农村普惠金融改革，导致普惠金融机构还是参照或沿用传统金融机构的经营模式，针对农村人口金融需求特征而开发与创新针对性强、特色化的金融产品和服务较少，致使各普惠金融机构陷入金融产品和服务同质化的困局。同时，当前政府主导下我国农村普惠金融改革还是遵照政府自上而下的强制性金融制度变迁，并没有真正改革所有传统的金融体制或金融制度，缺乏农村人口、普惠金融机构等微观经济主体积极参与，忽视了普惠金融机构在提升农村人口金融能力的重要作用，以及忽视了农村人口可以自我培养金融意识、自主学习金融知识和技能等来促使提升其金融能力。

二是普惠金融机构在不断实施普惠理念下需要为农村人口提供贷款、存款、支付、结算、保险等普惠金融产品和服务，帮助农村人口通过获取普惠金融服务后，才能促使农村人口积极投入生产经营、创业等经济活动中，以此增加农村人口家庭收入和资产，减少家庭经济脆弱性，从而实现增收致富的目标。同时，普惠金融机构还需为农村人口提供金融知识宣传、金融教育和培训等方式以提升农村人口金融能力、加强农村金融基础设施建设等社会责任。然而，普惠金融机构想要服务更多的农村人口、更贫穷的农村人口，也必然要求普惠金融机构实现财务可持续发展。但目前普惠金融机构往往在追求利润最大化过程中，容易出现目标客户漂移现象，导致农村人口难以以合理成本去获得所需的普惠金融服务、难以参与金融知识宣传活动等。换句话说，普惠金融机构在追求机构财务可持续发展的财务目标与服务农村人口的社会目标之间存在冲突与矛盾，导致目前普惠金融机构提升农村人口金融能力工作还有待加强，其社会功能目标还没有完全发挥。

第三节 本章小结

本章基于农村人口、普惠金融机构工作人员、政府及其他部门工作人员、教育及研究机构工作人员四个群体中 1187 人对提升农村人口金融能力的影响因素的衡量指标的态度判断的实地调研数据，从农村人口自身因素、政府及其他部门因素、普惠金融机构因素等构建了提升农村人口金融能力影响因素的理论模型，并运用结构方程模型，实证分析了普惠金融发展中提升农村人口金融能力的影响因素。研究发现：

第一，农村人口自身因素、政府及其他部门因素和普惠金融机构因素对提升农村人口金融能力均产生显著的正向因素。其中，农村人口自身因素对提升农村人口金融能力的产生直接正向影响。政府及其他部门因素、普惠金融机构因素通过农村人口自身因素对提升农村人口金融能力产生间接的正向影响。政府及其他部门因素与普惠金融机构因素之间为相互影响关系。

第二，政府及其他部门因素对农村人口金融能力提升的间接效应大于普惠金融机构因素。其原因在于：政府主导下我国农村普惠金融改革还是遵照政府自上而下的强制性金融制度变迁，并没有真正改革所有传统的金融体制或金融制度，导致普惠金融机构还是参照或沿用传统金融机构的经营模式，没有重视普惠金融机构和农村人口提升金融能力的作用。另外，普惠金融机构在追求利润最大化过程中，难以为农村人口提供价格合理的普惠金融产品和服务、提供更多免费的金融知识和金融教育活动等，其提升农村人口金融能力的工作还明显不够。

为此，在当前农村普惠金融不断发展背景下，为实现可持续提升农村人口金融能力的目标，需要合理地处理与协调好农村人口自身因素、普惠金融机构因素、政府及其他部门因素三方之间的关系。尤其要特别注意厘清政府与市场之间的关系，充分发挥普惠金融机构在提升农村人口金融能力中的重要作用。为了实现农村人口可持续性增收致富的目标，其扶贫模式由过去传统的政府主导财政救助型的"输血式"模式逐渐转变为重视农村人口自我内生能力成长型的"造血式"模式，慢慢发挥农村人口金融能力提升在农村人口长效增收致富中的关键作用。因而，农村人口更需要重视自身在提升金融能力的内在动因，通过加强自主学习金融知识和技能、自我积极参与金融活动积极性等方式有效提升其金融能力，从而实现农村人口家庭的增收致富。

第七章　普惠金融发展中各参与主体提升农村人口金融能力的行为策略及实现路径

第六章已经详细地阐述了农村人口自身、普惠金融机构、政府部门等对提升农村人口金融能力的影响，但各参与主体在提升农村人口金融能力过程中还会存在各自的行为策略。各参与主体的行为策略彼此之间还会存在相互博弈关系，进而会影响农村人口金融能力的提升。为此，本章运用三方演化博弈模型，进一步阐述普惠金融发展中各参与主体提升农村人口金融能力的利益关系和行为策略，提出提升农村人口金融能力的实现路径。然而，目前提升农村人口金融能力的路径实现过程中，还存在不少障碍农村人口金融能力提升的因素，制约了农村人口金融能力可持续提升，进而为下一章研究内容奠定基础。

现有研究发现，政府部门、金融机构、居民等是居民金融能力或金融素养的主要参与主体，并且各主体之间存在博弈行为与利益关系，他们的决策及博弈行为最终会影响金融服务的可获得性、支农效果等。如金融机构与农村人口之间的利益关系。Petrick（2004）、易小兰（2012）、吴雨等（2016）研究发现，金融机构面向农村人口提供信贷政策、金融产品等行为，让农村人口了解更多的信贷政策、金融产品等金融知识，可促使农村人口提高金融产品可获得性。王惠、王静（2019）认为，在有限理性假定条件下，运用博弈模型分析金融联结前后银行与农户双方的农户信用策略选择及其影响因素。如政府部门与金融机构、居民之间的利益关系。孟德锋等（2019）认为，政府部门通过积极引导金融机构面向不同居民群体开展金融知识普及活动，以提升居民金融素养。同时，叶雯、刘慧宏和熊德平（2015）认为，金融机构与政府之间通过反复博弈来调整彼此的行为策略，两者行为共同影响着支农效果的实现。陈昱燃、熊德平（2019）认为，金融机构和政府的配合和支持会促使绿色金融发展研究。

此外，学术界已经将三方演化博弈方法广泛应用于多个领域。如陈杨杨等（2015）构建公众消费者、政府部门与互联网金融机构三方博弈模型，分析各主体的行为策略及其策略均衡，以此实现互联网金融信息生态的改善。刘伟、夏立秋（2018）运用三方演化博弈模型研究了投资者、金融监管机构和网络借贷平台的行为策略对网络借贷市场运行的影响。曹霞、张路蓬（2017）认为，消费者、政府与企业三方利益相关者对企业绿色技术创新存在演化博弈。李伟、冯泉（2018）将扶贫经营主体、金融机构、政府纳入博弈框架，分析三方主体行为对扶贫可持续性的影响。林艳丽、杨童舒（2020）认为，产业精准扶贫中地方政府、企业、贫困户三方主体行为之间是相互影响的，形成三方演化博弈，探寻实现可持续减贫的演化路径。但在现有成果中，鲜有文献从三方演化博弈角度来分析提升农村人口金融能力。事实上，政府部门、普惠金融机构、农村人口等主体是提升农村人口金融能力的重要参与主体，并且各参与主体彼此之间还存在博弈行为和利益关系，他们的决策及博弈行为将直接影响农村人口金融能力提升。

为此，本章在借鉴上述学者三方演化博弈思路的基础上，从三方演化博弈角度将政府部门、普惠金融机构和农村人口作为参与主体，构建提升农村人口金融能力的三方博弈模型，深入研究提升农村人口金融能力的三方参与主体行为之间博弈均衡策略及其影响因素，进而提出提升农村人口金融能力的实现路径，以及路径实现过程中还存在农村人口金融能力提升的障碍因素。

第一节　农村人口、普惠金融机构及政府部门之间的三方博弈模型构建

一、提升农村人口金融能力的各参与主体界定

提升农村人口金融能力的各参与主体主要包括农村人口自身、普惠金融机构和政府部门三方。提升农村人口金融能力过程中受到多方参与主体的影响，各参与主体之间关系密切（张瑞林，2019）。但由于各参与主体的利益诉求不一致，

彼此之间相互制约，这就意味着农村人口金融能力的提升效果取决于各参与主体之间行为策略的博弈。为了进一步分析农村人口金融能力提升的实现路径，需要剖析提升农村人口金融能力的三方博弈主体之间的利益关系和行为策略，从而构建出三方演化博弈模型（刘伟、夏立秋，2018），以此可持续地提升农村人口金融能力效果，进而提高农村人口增收致富效果和促进普惠金融进一步发展。

（一）农村人口

农村人口既是提升农村人口金融能力的最重要的参与主体，也是我国普惠金融的重点服务对象。农村人口通过主动学习金融知识和金融技能、提高金融能力的自我意识、积极参与金融活动等方式实现其金融能力的提升。

（二）普惠金融机构

普惠金融机构主要是指面向农村人口提供自身所需要的存款、贷款、保险、支付、结算、理财等一系列的普惠金融产品和服务、开展最新金融政策和金融知识宣传、开展金融教育指导与培训等金融机构，具体包括农村商业银行、村镇银行、中国邮政储蓄银行、中国农业银行、农村资金互助社等。普惠金融机构既是目前普惠金融在农村地区不断推广的助推者，也是提升农村人口金融能力的关键参与主体。

（三）政府部门

政府部门主要包括各级政府职能部门，如中国人民银行、中国银行保险监督管理委员会等。政府部门是发展普惠金融强有力的支持者和推动者，也是提升农村人口金融能力的扶持政策、法规制度、奖惩措施等制定者和推行者。如政府部门制定农村人口金融能力提升的扶持政策、加快建设农村金融基础设施、不断完善法律规章制度等，可以直接提升农村人口金融能力。政府部门还可以针对那些开展提升农村人口金融能力取得突出成效的普惠金融机构给予财税补贴、利率优惠、奖励等政策，有利于引导普惠金融机构积极开展提升农村人口金融能力方面的工作。

二、模型假设

本章基于三方演化博弈模型方法来分析农村人口、普惠金融机构以及政府部门关于提升农村人口金融能力的不同利益诉求之间的冲突和最佳选取，提出下列的假设条件。

（一）演化博弈的参与主体

参与博弈主体具体有农村人口 N、普惠金融机构 I 和政府部门 G 三方，并且各博弈主体均为有限理性。农村人口和普惠金融机构都是以自身利益最大化为目标，而政府部门是以社会效益即福利最大化为目标（黄海棠，2019）。本章基于成本收益视角，考虑如何有效提升农村人口金融能力效果。三方参与主体中任何两方的行为策略都会影响第三方行为。为此，研究参与主体三方演化博弈，有利于提出和选取提升农村人口金融能力的实现路径。

（二）三方博弈主体都采取两种行为策略

（1）农村人口 N 采取"自主提升自身金融能力"和"不自主提升自身金融能力"两种行为策略，行为策略集合是｛自主提升 N_1，不自主提升 N_2｝。如果农村人口采取自我加强学习金融知识、培育金融意识、提高金融技能、优化金融行为等自主提升自身金融能力的行为策略时，可以直接、有效地提升其金融能力。

（2）普惠金融机构 I 采取"加强农村人口提升金融能力"和"不加强农村人口提升金融能力"两种行为策略，行为策略集合是｛加强提升 I_1，不加强提升 I_2｝。如果普惠金融机构采取面向农村人口加强宣传普惠金融最新政策、金融信息和金融产品知识、开展金融技能培训等"加强"行为策略时，可以促使那些接受普惠金融机构加强行为的农村人口的金融能力得到更好的提升。如果普惠金融机构采取"不加强"行为，农村人口难以从金融服务供给者——普惠金融机构获得所需要的金融知识和技能，难以通过获得普惠金融服务来优化其金融行为，参与到经济金融活动当中，会制约其金融能力提升。

（3）政府部门 G 采取"引导普惠金融机构加强农村人口提升金融能力"和"不引导普惠金融机构加强农村人口提升金融能力"两种行为策略，行为策略集合是｛引导 G_1，不引导 G_2｝。当前我国普惠金融在农村地区得到快速发展，且政府部门和学术研究者（陈雨露，2014；周孟亮、李明贤，2014；周孟亮，2016；李建军、韩珣，2019；温涛、刘达，2019）均已经意识到要合理处理政府与市场之间的行为边界问题，主张政府部门要引导普惠金融机构在提升农村人口金融能力方面发挥重要作用。因此，本书假设政府部门为了有效提升政府绩效和社会福祉,通过制定政府扶持政策、完善法规制度等引导普惠金融机构加强农村人口金融能力的提升工作,以此更好地提升农村人口金融能力。但为研究简便,假设政府部门直接对农村人口金融能力提升效果的这方面影响不予考虑单独考虑,而是合并到政府部门引导普惠金融机构加强农村人口提升金融能力的行为策略当中。

(三) 各参与主体行为策略的概率

基于有限理性的假设,假定政府部门采取"引导普惠金融机构加强农村人口提升金融能力"行为策略的概率为 $x(0 \leqslant x \leqslant 1)$,采取"不引导普惠金融机构加强农村人口提升金融能力"策略的概率为 $1 - x$。农村人口采取"自主提升自身金融能力"行为策略的概率为 $y(0 \leqslant y \leqslant 1)$,采取"不自主提升自身金融能力"行为策略的概率为 $1 - y$。普惠金融机构采取"加强农村人口提升金融能力"行为策略的概率为 $z(0 \leqslant z \leqslant 1)$,采取"不加强农村人口提升金融能力"行为策略的概率为 $1 - z$。同时,将"引导""自主""加强"这些有益于农村人口金融能力提升的行为策略认为是积极策略,其他为消极策略。

(四) 三方博弈主体收益矩阵的构建

假设在农村人口采取"自主"积极策略的前提下,在农村人口与政府部门、普惠金融机构的不同组合下,农村人口自主提升金融能力所获得的收益为 $i_x(x = a,b,c,d)$。其中,i_a 表示当农村人口、普惠金融机构以及政府部门分别采取"自主""加强""引导"积极策略时,农村人口提升金融能力所获得的收益;i_b 表示当农村人口和政府部门分别采取"自主""引导"积极策略而普惠金融机构采取"不加强"消极政策时,农村人口提升金融能力所获得的收益;i_c 表示当农村人口和普惠金融机构分别采取"自主""加强"积极策略而政府部门采取"不引导"消极策略时,农村人口提升金融能力所获得的收益;i_d 表示当只有农村人口采取"自主"积极策略而政府部门和普惠金融机构分别采取"不引导""不加强"消极策略时,农村人口提升金融能力所获得的收益。在三方参与主体都采取积极策略时,农村人口提升金融能力所获得的收益会最大,同时,三方参与主体采取消极策略时获得的收益最低,故容易得出 $i_a > i_b$、$i_c > i_d$。

假定农村人口为提升其金融能力寻找合适的金融教育或培训机构的搜寻成本、参加金融培训所付出的费用等所有成本,取值为 C_{11},取值范围为 $[0, \infty)$。

而如果农村人口不自主提升金融能力，则无须花费成本，也无法获得其收益。

假定普惠金融机构采取"加强"行为策略，可以促使更多的农村人口更便捷地获取普惠金融机构的金融产品和服务，促使农村人口金融能力提升。为此，普惠金融机构因销售更多的金融产品和服务而创造更多的营业收入，其可获取收益为 R_{21}。同时，普惠金融机构需要付出相应的宣传费、培训费、管理成本和机会成本等所有成本为 C_{21}，其取值范围为 $[0, \infty)$。在农村人口采取"自主提升"积极策略下，即便普惠金融机构采取"不加强"行为策略，普惠金融机构可继续获得提升农村人口金融能力而带来的收益为 R_{21}，但其运营成本比普惠金融机构采取"加强"策略时会下降，取值为 C_{22}，其取值范围为 $[0, \infty)$。

若政府部门采取"引导"行为策略，则可以有效推进农村普惠金融发展，可有效引导普惠金融机构通过加强金融知识宣传、金融技能培训等方式提升农村人口的金融能力水平，从而可以有效地提高包括农村人口等社会所有阶层的社会福祉，设其收益为 R_{31}。政府需要投入人力、财力等去制定相关扶持政策、健全法律规章制度等以及进行监督管理等成本，以此引导普惠金融机构加强农村人口提升金融能力，设其成本为 C_{31}。若政府部门采取"不引导"行为策略，假定政府部门获得的收益为 R_{32}，付出成本为 C_{32}。为研究简化，认为政府部门采取"引导"或"不引导"行为策略，政府获得收益与付出成本不会因普惠金融机构行为策略不同而有所改变。在现实生活中，普惠金融机构"加强"与"不加强"行为策略会影响政府获得收益。

ΔR_{21} 为普惠金融机构和农村人口同时采取积极策略时，普惠金融机构的额外收益。而农村人口采取"不主动提升金融能力"的消极策略时，普惠金融机构则无法获得这部分收益。因为当农村人口自身不愿主动地提升其自身金融能力时，普惠金融机构做出的"加强"积极行为策略，将无法起到很好的效果。这样普惠金融机构无法使这一部分工作得到成效，因而无法获得相应的收益。L 是在政府部门采取积极的"引导"策略且普惠金融机构采取积极的"加强"策略时，政府部门对那些积极开展提升农村人口金融能力工作的普惠金融机构提供的奖励。为简便分析过程，笔者直接将奖励加入普惠金融机构的收益中。

ΔR_{31} 是在政府部门采取"引导"积极行为策略的同时，普惠金融机构也采取"加强"积极行为策略，政府部门获得的额外收益。该额外收益主要是来自农村人口金融能力提升而促使农村人口家庭脱贫致富、农村产业得到快速发展、乡村实现振兴等社会收益。其原因在于，政府部门制定扶持政策、健全法律规章制度等往往需要通过借助普惠金融机构来促使农村人口金融能力提升。因此，笔者假定政府部门需要通过普惠金融机构来实现其引导作用，即政府部门通过引导普惠金融机构加强农村人口金融能力的提升工作，可以更有效率地开展工作，以此提高社会福祉。在此，用 ΔR_{31} 来衡量政府部门这部分额外收益。若普惠金融机构采取消极策略，则政府部门将不能获得这部分额外收益 ΔR_{31}。并且，在普惠金融机构采取消极策略时，政府做出"引导"行为策略带来的总体收益总会大于其"不引导"的行为，即 $R_{31} - C_{31} > R_{32} - C_{32}$。其原因在于，现实生活中政府部门通常可以直接采取一些政策或措施来直接影响农村人口金融能力提升，从而产生效益。比如中国人民银行面向农村人口开展金融知识宣传、将金融知识纳入国民教育体系当中以有效提升农村人口中小孩的金融能力等，这些政府部门政策均可以直接有效提升农村人口金融能力，进而促使农村人口收入增加和提高社会福祉，即产生政府部门收益。因此，政府作出"引导"行为策略带来的总体收益总会大于其"不引导"的行为。

三、演化博弈模型的构建

根据前文中的模型假设条件，在当前我国普惠金融发展的大背景下，构建由农村人口、普惠金融机构和政府部门三方提升农村人口金融能力的博弈收益矩阵，如表 7-1 所示。

表 7-1　农村人口、普惠金融机构和政府部门的三方博弈收益矩阵

主体策略		农村人口自主（y）		农村人口不自主（1-y）	
		普惠金融机构加强（z）	不加强（1-z）	普惠金融机构加强（z）	不加强（1-z）
政府部门	引导（x）	$R_{31} - C_{31} + \Delta R_{31}$	$R_{31} - C_{31}$	$R_{31} - C_{31} + \Delta R_{31}$	$R_{31} - C_{31}$
		$i_a - C_{11}$	$i_b - C_{11}$	0	0
		$R_{21} - C_{21} + \Delta R_{21} + L$	$R_{21} - C_{22}$	$-C_{21}$	$-C_{22}$
	不引导（1-x）	$R_{32} - C_{32}$	$R_{32} - C_{32}$	$R_{32} - C_{32}$	$R_{32} - C_{32}$
		$i_c - C_{11}$	$i_d - C_{11}$	0	0
		$R_{21} - C_{21} + \Delta R_{21}$	$R_{21} - C_{22}$	$-C_{21}$	$-C_{22}$

（一）政府部门

政府部门采取"引导"行为策略情况下的期望收益为：

$$E_x = yz(R_{31} - C_{31} + \Delta R_{31}) + y(1-z)(R_{31} - C_{31}) + (1-y)z(R_{31} - C_{31} + \Delta R_{31}) + (1-y)(1-z)(R_{31} - C_{31}) = R_{31} - C_{31} + z\Delta R_{31} \qquad (7-1)$$

政府部门采取"不引导"行为策略情况下的期望收益为：

$$E_{1-x} = yz(R_{32} - C_{32}) + y(1-z)(R_{32} - C_{32}) + (1-y)z(R_{32} - C_{32}) + (1-y)(1-z)(R_{32} - C_{32}) = R_{32} - C_{32} \qquad (7-2)$$

政府部门群体的平均期望收益为：

$$\overline{E_G} = xE_x + (1-x)E_{1-x} = x(R_{31} - C_{31}) + zx\Delta R_{31} + (1-x)(R_{32} - C_{32}) \qquad (7-3)$$

政府部门行为策略的演化博弈复制动态方程。Friedman（2011）认为，此方程是用来描述某一群体的某一个特定行为策略被使用的频度或频数的动态微分方程。通过式（7-1）、式（7-2）、式（7-3），求得政府部门行为策略的演化博弈复制动态方程为：

$$G(x) = \frac{d_x}{d_t} = x(1-x)(R_{31} - C_{31} + z\Delta R_{31} - R_{32} + C_{32}) \qquad (7-4)$$

（二）农村人口

农村人口采取"自主"行为策略情况下的期望收益为：

$$E_y = i_a xz + i_b x(1-z) + i_c(1-x)z + i_d(1-x)(1-z) - C_{11} \qquad (7-5)$$

农村人口采取"不引导"行为策略情况下的期望收益为：

$$E_{1-y} = 0 \qquad (7-6)$$

农村人口群体的平均期望收益为：

$$\overline{E_N} = yE_y + (1-y)E_{1-y} = y[i_a xz + i_b x(1-z) + i_c(1-x)z + i_d(1-x)(1-z) - C_{11}] \qquad (7-7)$$

农村人口行为策略的演化博弈复制动态方程。通过式（7-5）、式（7-6）、式（7-7）求得农村人口行为策略的演化博弈复制动态方程为：

$$N(y) = \frac{d_y}{d_t} = y(1-y)(i_a xz + i_b x(1-z) + i_c(1-x)z + i_d(1-x)(1-z) - C_{11}) \qquad (7-8)$$

（三）普惠金融机构

普惠金融机构采取"加强"行为策略情况下的期望收益为：

$$E_z = y(R_{21} + \Delta R_{21}) - C_{21} + xyL \tag{7-9}$$

普惠金融机构采取"不加强"行为策略情况下的期望收益为：

$$E_{1-z} = yR_{21} - C_{22} \tag{7-10}$$

普惠金融机构群体的平均期望收益为：

$$\overline{E_1} = zE_z + (1-z)E_{1-z} = yR_{21} + zy\Delta R_{21} - zC_{21} - (1-z)C_{22} + xyzL \tag{7-11}$$

普惠金融机构行为策略的演化博弈复制动态方程。通过式（7-9）、式（7-10）、式（7-11）求得普惠金融机构行为策略的演化博弈复制动态方程为：

$$I(z) = \frac{d_z}{d_t} = z(1-z)(y\Delta R_{21} - C_{21} + xyzL + C_{22}) \tag{7-12}$$

为此，将式（7-4）、式（7-8）和式（7-12）组成联立方程组，得到政府部门、农村人口和普惠金融机构的复制动态系统，其方程为：

$$\begin{cases} G(x) = \dfrac{d_x}{d_t} = x(1-x)(R_{31} - C_{31} + z\Delta R_{31} - R_{32} + C_{32}) \\[2mm] N(y) = \dfrac{d_y}{d_t} = y(1-y)(i_a xz + i_b x(1-z) + i_c(1-x)z + i_d(1-x)(1-z) - C_{11}) \\[2mm] I(z) = \dfrac{d_z}{d_t} = z(1-z)(y\Delta R_{21} - C_{21} + xyzL + C_{22}) \end{cases} \tag{7-13}$$

第二节　农村人口金融能力提升参与主体行为博弈的演化均衡分析

令式（7-13）的复制动态方程都等于0，即：

$$G(x) = \frac{d_x}{d_t} = 0, \quad N(y) = \frac{d_y}{d_t} = 0, \quad I(z) = \frac{d_z}{d_t} = 0$$

可求得以下局部均衡点，分别为 $E_1(0, 0, 0)$、$E_2(1, 0, 0)$、$E_3(0, 1, 0)$、$E_4(0, 0, 1)$、$E_5(1, 1, 0)$、$E_6(1, 0, 1)$、$E_7(0, 1, 1)$、$E_8(1, 1, 1)$ 等一共12个均衡点。

根据式（7-13）的复制动态方程求得雅克比矩阵为：

$$J = \begin{pmatrix} F_{11} & F_{12} & F_{13} \\ F_{21} & F_{22} & F_{23} \\ F_{31} & F_{32} & F_{33} \end{pmatrix} \qquad (7-14)$$

其中，

$$F_{11} = (1-2x)(R_{31} - C_{31} + z\Delta R_{31} - R_{32} + C_{32}) \qquad (7-15)$$

$$F_{12} = 0 \qquad (7-16)$$

$$F_{13} = x(1-x)\Delta R_{31} \qquad (7-17)$$

$$F_{21} = y(1-y)[i_a z + i_b(1-z) - i_c z - i_d(1-z)] \qquad (7-18)$$

$$F_{22} = (1-2y)[i_a xz + i_b x(1-z) + i_c z(1-x) + i_d(1-x)(1-z) - C_{11}] \quad (7-19)$$

$$F_{23} = y(1-y)[i_a x - i_b x + i_c(1-x) - i_d(1-x)] \qquad (7-20)$$

$$F_{31} = z(1-z)yL \qquad (7-21)$$

$$F_{32} = z(1-z)(\Delta R_{21} + xL) \qquad (7-22)$$

$$F_{33} = (1-2z)(y\Delta R_{21} + xyL - C_{21} + C_{22}) \qquad (7-23)$$

根据上述假设条件，任意一个初始点及演化以后的点均需要在三维空间中，$V = \{(x, y, z) | 0 \le x \le 1, 0 \le y \le 1, 0 \le z \le 1\}$ 才有意义。因为 $R_{31} - C_{31} > R_{32} - C_{32}$，因此均衡点 E_9、E_{10}、E_{11}、E_{12} 没有实际意义。参照 Friedman（1991）提出的方法，只有在行列式 det(J) >0，且迹 tr(J) <0 时，才可以确定均衡点为演变稳定策略（ESS）。据此，提升农村人口金融能力参与主体行为博弈的均衡点的稳定性分析如表 7-2 所示。

表 7-2 提升农村人口金融能力参与主体行为博弈的均衡点的稳定性分析

均衡点	(F_{11}, F_{22}, F_{33})	det（J）	tr（J）	结果
E_1 (0, 0, 0)	（+, +, -）	-	x	鞍点
	（+, +, +）	+	+	不稳定点
E_2 (1, 0, 0)	（-, +, -）	+	x	鞍点
	（-, +, +）	-	x	鞍点
E_3 (0, 1, 0)	（+, -, +）	-	x	鞍点
E_4 (0, 0, 1)	（+, +, +）	+	+	不稳定点
	（+, +, -）	+	x	鞍点
	（-, +, +）	-	x	鞍点

均衡点	(F_{11}, F_{22}, F_{33})	det (J)	tr (J)	结果
E_5 (1, 1, 0)	(−, −, +)	+	x	鞍点
	(−, −, −)	−	−	不稳定点
E_6 (1, 0, 1)	(−, +, +)	−	x	鞍点
	(−, +, −)	+	x	鞍点
	(+, +, +)	+	+	不稳定点
	(+, +, −)	−	x	鞍点
E_7 (0, 1, 1)	(+, −, −)	+	x	鞍点
	(−, −, −)	−	−	不稳定点
	(−, −, +)	+	x	鞍点
E_8 (1, 1, 1)	(−, −, −)	−	−	不稳定点
	(−, −, +)	+	x	鞍点
	(+, −, −)	+	x	鞍点

从表7-2中可以发现，有许多因素均在影响着提升农村人口金融能力参与主体行为策略的演化博弈均衡。当政府部门采取"引导"行为策略付出的成本为 C_{31}、可以获得的收益为 R_{31}；政府部门采取"不引导"行为策略付出的成本为 C_{32}，获得收益为 R_{32}。当普惠金融机构采取"加强"行为策略付出的成本为 C_{21}、可以获得的收益为 R_{21}；普惠金融机构采取"不加强"行为策略付出成本为 C_{22}，获得收益为 R_{21}。当农村人口采取"自主"行为策略付出的成本为 C_{11}、可以获得的收益为 i_x（x = a，b，c，d）；农村人口采取"不自主"行为策略付出成本和收益为零。普惠金融机构采取"加强"、农村人口采取"自主"的行为策略时，普惠金融机构可获得额外收益 ΔR_{21}。政府部门采取"引导"行为策略、普惠金融机构采取"加强"的行为策略时，政府部门获得的额外收益为 ΔR_{31}。政府部门对积极开展提升金融能力工作的普惠金融机构提供的奖励为 L。这些都在一定程度上影响了提升农村人口金融能力参与主体行为博弈的稳定性。

具体三方博弈演化分析如下：

（1）在演化过程中，若政府部门采取"引导普惠金融机构加强农村人口提升金融能力"行为策略的收益大于采取"不引导"行为策略的收益，即 $R_{31} - C_{31} > R_{32} - C_{32}$，则 $R_{31} - C_{31} + \Delta R_{31} > R_{32} - C_{32}$；同时，普惠金融机构采取"加强农村人口提升金融能力"行为策略所付出的成本大于其"不加强"行为策略所付出的成本，即 $C_{21} > C_{22}$。由此可以得出，E_1、E_2、E_6 为鞍点，E_4 为不稳定点。若此时普惠金融机构采取"加强农村人口提升金融能力"行为策略所付出的成本小于其"不加强农村人口提升金融能力"行为策略所付出的成本，即 $C_{21} < C_{22}$，则可以得出，E_1 为不稳定点，E_2、E_4、E_6 为鞍点。

假如政府部门采取"引导普惠金融机构加强农村人口提升金融能力"行为策略的收益小于采取"不引导"行为策略的收益，即 $R_{31} - C_{31} + \Delta R_{31} < R_{32} - C_{32}$，则 E_4 为鞍点；若此时普惠金融机构采取"加强农村人口提升金融能力"行为策略所付出的成本大于其"不加强"行为策略所付出的成本，即 $C_{21} > C_{22}$，则 E_6 为不稳定点。若此时普惠金融机构采取"加强农村人口提升金融能力"行为策略所付出的成本小于其"不加强"行为策略所付出的成本，即 $C_{21} < C_{22}$，则 E_6 为鞍点。

（2）若政府部门采取"引导普惠金融机构加强农村人口提升金融能力"行为策略的收益大于采取"不引导"行为策略的收益，即 $R_{31} - C_{31} > R_{32} - C_{32}$，则 $R_{31} - C_{31} + \Delta R_{31} > R_{32} - C_{32}$。由此可以得出，$E_3$、$E_7$ 为鞍点。若政府部门采取"引导普惠金融机构加强农村人口提升金融能力"行为策略的收益小于采取"不引导惠普金融机构加强农户提升金融能力"的收益，即 $R_{31} - C_{31} + \Delta R_{31} < R_{32} - C_{32}$。同时，在农村人口采取"自主提升自身金融能力"行为策略以及政府部门采取"不引导"行为策略时，普惠金融机构采取"加强农村人口提升金融能力"行为策略所获得的总体收益大于其采取"不加强"行为策略的收益，即 $-C_{21} + \Delta R_{21} > -C_{22}$，则 E_7 为不稳定点。若此时普惠金融机构采取"加强农村人口提升金融能力"行为策略所获得的总体收益小于其采取"不加强"行为策略的收益，即 $-C_{21} + \Delta R_{21} < -C_{22}$，则 E_7 为鞍点。

（3）若政府部门采取"引导普惠金融机构加强农村人口提升金融能力"行为策略的收益大于采取"不引导"行为策略的收益，即 $R_{31} - C_{31} > R_{32} - C_{32}$，则 $R_{31} - C_{31} + \Delta R_{31} > R_{32} - C_{32}$。同时，在农村人口采取"自主提升自身金融能力"行为策略以及普惠金融机构采取"加强农村人口提升金融能力"行为时，政府部门给予普惠金融机构采取"加强农村人口提升金融能力"行为的奖励 L 以及三方参与主体共同采取积极策略为普惠金融机构所带来的总体收益大于其采取"不加强"行为策略的收益，即 $-C_{21} + \Delta R_{21} + L > -C_{22}$，则 E_5 为鞍点，E_8 为不稳定点。若此时普惠金融机构采取"加强农村人口提升金融能力"行为策略所获得的收益小于其采取"不加强"策略所获得的收益，即 $-C_{21} + \Delta R_{21} + L < -C_{22}$，那么 E_5 为不稳定点，E_8 为鞍点。若政府部门采取"引导普惠金融机构加强农村人口提升金融能力"行为策略的收益小于采取"不引导"行为策略的收益，$R_{31} - C_{31} + \Delta R_{31} < R_{32} - C_{32}$，则 E_8 为鞍点。

（4）从模型求解分析可知，提升农村人口金融能力参与主体行为策略的演化博弈不存在稳定中心点。

（5）考察政府部门的资金激励 L 对普惠金融机构的行为策略的影响。

运用式（7－12）求关于 L 的一阶偏导数，得到结果为：

$$\frac{\partial I(z)}{\partial L} = z(1-z)xy \tag{7-24}$$

同时，由前述假设条件可知，任意一个初始点及演化以后的点均需要在三维空间中，$V = \{(x, y, z) \mid 0 \leqslant x \leqslant 1, 0 \leqslant y \leqslant 1, 0 \leqslant z \leqslant 1\}$ 才具有意义。

因此，式（7－24）可以变为：

$$\frac{\partial I(z)}{\partial L} = z(1-z)xy > 0 \tag{7-25}$$

说明随着政府部门对普惠金融机构的奖励逐渐增加，$I(z)$ 也会不断增加，普惠金融机构会更趋向于采取"加强农村人口提升金融能力"的行为策略。可能原因在于，政府部门越趋向于"引导普惠金融机构加强农村人口提升金融能力"，那么普惠金融机构就越趋向于采取"加强农村人口提升金融能力"。说明政府部门对普惠金融机构的奖励增多，越有利于普惠金融机构面向农村人口加强金融知识宣传、开展金融技能培训等活动，从而促使农村人口金融能力提升。

第三节　可持续地提升农村人口金融能力的实现路径

运用三方演化博弈模型，分析了农村人口、普惠金融机构、政府部门等参与主体的行为策略选取对提升农村人口金融能力效果的影响。结果显示，提升农村人口金融能力的三方参与主体行为策略的演化博弈不存在稳定中心点，且不存在稳定均衡点，其演化博弈均衡受到多种因素的共同影响。如农村人口、普惠金融机构、政府部门三方参与主体在不同策略组合下提升农村人口的金融能力获得的收益以及付出的成本、政府部门给予普惠金融机构的奖励支持等。

　　当政府部门采取"引导普惠金融机构加强农村人口提升金融能力"积极行为策略、普惠金融机构采取"加强农村人口提升金融能力"积极行为策略、农村人口"自主提升自身金融能力"积极行为策略时，农村人口提升金融能力所获得的收益是最大的。研究还发现，当政府部门采取"引导"积极行为策略时，给予普惠金融机构的奖励越高，则普惠金融机构会更倾向于采取"加强"积极行为策略。这说明在提升农村人口金融能力的过程中，政府部门和普惠金融机构起到重要的作用。倘若政府部门和普惠金融机构都采取相应的积极行为策略，那么会给提升农村人口金融能力带来强大的动力和支持，让农村人口可以充分利用有利的外部环境去提升自身金融能力。在长期演化博弈中，若三方可以达到"政府部门引导、普惠金融机构加强、农村人口自主"的理想模式，那么就可以实现农村人口金融能力的可持续提升。也就是说，可持续提升农村人口金融能力的实现路径是提高"政府部门引导"积极行为策略、"普惠金融机构加强"积极行为策略和"农村人口自主"积极行为策略，以及三方参与主体加强协调和通力合作。

　　可持续地提升农村人口金融能力的具体实现路径为：

　　（1）从农村人口的行为策略来说，农村人口加强自主提升自身金融能力的意识，才能依据自己真实的金融需求情况去了解适合自身需要的普惠金融产品与服务。同时，农村人口充分利用当前先进农村互联网技术主动学习最新的普惠金融政策、金融信息和金融知识、积极参加普惠金融机构的金融技能培训等方式，提升其自身金融能力，才能积极向普惠金融机构准确地表达自身的金融需求，获得所需的普惠金融产品和服务，提高金融产品和服务的可获得性和满意度。

　　（2）从普惠金融机构的行为策略来说，普惠金融机构要真正践行"普惠金融"理念，并积极响应政府部门提升农村人口金融能力的政策引导，将提升农村人口金融能力的工作主动、自觉地纳入服务农村人口的内容当中，主动构建起农村人口金融能力提升的工作计划，并制定相关规章制度与配套措施。同时，普惠金融机构还需要切实关注农村人口真正的金融需求，不仅要为农村人口设计合适的普惠金融产品和服务，还需要针对农村人口金融能力较差、难以认知金融产品等实际情况，制定提升农村人口金融能力的具体实施方案。此外，普惠金融机构要深入农村人口当中加强金融知识宣传、开展各种金融技能培训等，提高农村人口的金融知识和技能，以此有效地提升其金融能力，让他们能够有信心、有能力地积极参与到经济金融活动当中，成为金融活动的参与者和受益者，让金融能够真正地惠及农村人口，真正地普惠社会所有阶层。

（3）从政府部门的行为策略来说，政府部门要重视提升农村人口金融能力的工作，从宏观层面加强制定农村人口金融能力提升的扶持政策、不断健全法律规章制度、加快完善农村金融基础设施等，为可持续地提升农村人口金融能力创造有利的外部环境。此外，政府部门还要积极加快农村普惠金融发展，关注普惠金融机构在提升农村人口金融能力的作用，不能通过行政命令方式来直接规定普惠金融机构的工作清单或任务，而只能通过政府扶持政策、激励奖惩机制等引导普惠金融机构加强农村人口提升金融能力的工作。如政府部门对那些积极开展提升农村人口金融能力工作的普惠金融机构给予税收优惠、资金奖励等。

由此可见，在农村人口、普惠金融机构、政府部门积极的行为策略下，还需要加强三方参与主体的共同努力和协调合作，促使农村人口金融能力可持续地提升，帮助农村人口有效使用普惠金融服务来发展生产、经营创业等经济活动，以此有效地破解金融服务难以触及农村人口尤其是农村低收入人口的"最后一公里"难题，通过金融方式来促使农村人口实现可持续增收致富目标。

第四节　可持续地提升农村人口金融能力的实现路径的阻碍因素

在可持续提升农村人口金融能力的实现路径中，还面临着各种阻碍农村人口金融能力提升的因素。下面具体从农村人口、普惠金融机构、政府部门三个角度阐述阻碍农村人口金融能力可持续提升的因素。

一、阻碍农村人口提升农村人口金融能力的因素

目前，我国农村人口还存在提高自我金融意识的限制性、增加金融知识和金融技能的有限性、优化金融行为活动的局限性等问题，使农村人口金融能力的可持续提升面临着一定的障碍因素，影响了可持续提升农村人口金融能力的路径实现，也使农村人口无法准确地表达出自身的金融需求，还容易对普惠金融机构提供的金融产品和服务产生自我排斥问题，导致农村人口在获取普惠金融产品和服务时难度依然较大，其可获得性和满意度均较低，出现"最后一公里"难题。

（一）提高自我金融意识的限制性

根据对湖南省、湖北省、江西省、陕西省4省9县1058户农村人口的实地调查数据发现，虽然有92.16%的农村人口认为农村人口自我金融意识的培育和提高对提升其金融能力产生重要作用，但仅有28.83%的农村人口采取了真正有效举措来培育和提高自我金融意识。也就是说，有71.17%的农村人口并没有真正形成自我提升金融能力的意识。目前农村人口存在提高自我金融意识的限制性，从而制约其金融能力的提升。

（二）增加金融知识和金融技能的有限性

调查发现，有60.59%的农村人口会自主通过参加金融培训、金融知识宣传等活动学习金融知识和技能，而还有39.41%的农村人口只是被动甚至是不学习金融知识和技能。由于农村人口大多是被动或不学习金融知识和技能，导致其增加金融知识和金融技能是有限的，从而影响其金融能力的提升。

（三）优化金融行为活动的局限性

有89.60%的农村人口认为，农村人口积极参与金融行为活动可以有效提升金融能力。但有65.69%的农村人口认为，与前一年相比，农村人口参与金融行为活动并没有明显增多与优化。这也意味着农村人口很难通过积极参与各项金融行为活动即"干中学"方式，来获得金融经验的积累与实现金融行为的优化。由于目前我国农村人口存在优化金融行为活动的局限性，从而制约其金融能力的提升。

二、阻碍普惠金融机构提升农村人口金融能力的因素

目前，农村普惠金融机构还面临着金融机构以外生成长居多、金融产品和服务不适合、金融教育供给不够等障碍因素，影响了可持续提升农村人口金融能力的路径实现。

（一）金融机构以外生成长居多

目前，大多数金融机构主要是以政府主导下外生成长的金融机构（李明贤、唐文婷，2017）。外生成长的金融机构往往是在政府政策或者各项规章制度的要求下，自上而下地为农村人口提供普惠金融产品和服务、开展金融教育等工作。金融机构往往不是自愿、主动地为农村人口开展普惠金融业务，其也没有深刻践行"普惠金融"理念，导致其提升农村人口金融能力的重视程度和积极性还不够。有些普惠金融机构在为农村人口提供普惠金融产品和服务、提供金融教育活动（如金融知识宣传、金融技能培训等）等方面流于形式，没有实质性地制定或采取有力的举措去提升农村人口金融能力，也没有重视挖掘农村人口的真正需求，致使无法真正地促使农村人口实现"造血式"脱贫。

虽然有些金融机构在偏远农村地区设立了金融扶贫服务站。但由于金融机构的外生成长性，导致金融机构在设立金融扶贫服务站时，没有考虑各地农村经济发展水平、农村人口金融需求特点、人文环境等差异，使金融扶贫服务站在提升农村人口金融能力方面还面临一些问题。金融扶贫服务站由于没有深耕当地农村地区，导致其在提供普惠金融业务时可能脱离实际情况。同时，各地金融扶贫服务站的发展情况差异大，使农村人口金融能力提升程度差别越大。如经济越落后、位置越偏僻、客户规模越小的偏远农村地区金融扶贫服务站开展和其服务功能滞后，甚至还有一部分服务站仅挂牌而已，而没有真正运营，导致农村人口难以通过金融扶贫服务站获得金融服务、接受金融知识宣传和金融教育指导等，直接制约着农村人口金融能力提升。

同时，现在已有不少金融机构纷纷加快推出农村手机银行业务，利用金融科技方式来提升农村人口金融能力。但这些外生成长的金融机构往往盲目发展该业务，而不注重其业务的内生发展，使农村人口金融能力提升中还是遇到不少障碍。已推出的农村手机银行业务往往是直接简单复制城市手机银行业务，而较少

考虑农村人口尤其是农村低收入人口的实际金融需求、农村地区移动通信网络发展情况等，使农村人口使用手机银行业务或产品时，其实用性不高或针对性较低，导致该业务很难真正满足农村人口对普惠金融业务的需求，影响了农村人口金融能力提升和手机银行业务发展。由于农村人口自身受教育程度较低，其接受使用手机银行意愿不高。调查发现，只有27.32%的农村人口愿意使用手机银行业务。此外，目前我国农村人口尤其是农村低收入人口的智能手机覆盖率还不高，他们更倾向于持有现金进行结账或交易。

（二）金融产品和服务不够适合

普惠金融机构由于缺乏对农村人口金融需求的充分了解，难以开发合适农村人口需要的普惠金融产品与服务（李思琪、罗荷花，2019）。如一些普惠金融机构在农村地区设立的金融扶贫服务站的金融产品与服务往往是主发起行现有金融产品与服务的简单复制，而针对农村人口特色化的金融需求开发与创新的金融产品与服务较少，创新性不够，导致农村人口尤其是农村低收入人口依然还面临着金融服务"最后一公里"问题。另外，普惠金融机构在为农村人口尤其是农村低收入人口提供金融服务过程中，由于其金融产品和服务还不够适合，容易出现其金融资源容易被背后有经济实力做支撑的农民合作社、涉农企业、富裕农户等占用，金融资源容易出现"精英捕获"（左停等，2015；龚毓烨，2019）、瞄准客户容易出现"目标偏移"（周孟亮等，2010）等现象。如湖北省某县将农村个人贷款改为"户贷社用""户贷企用"等分贷统还的贷款模式，将农商行按照每户5万元扶贫贷款发放标准向46户农户发放贷款资金230万元，而贷款资金的实际使用者却是龙头企业。这种发放贷款模式并没有真正促使农村人口通过金融方式参与经济生活当中，很难真正有效地提升农村人口金融能力，也无法实现金融方式对农村人口的"造血"功能，还容易产生信贷风险、腐败等问题。

（三）金融教育供给还不足

当前普惠金融机构专门针对农村人口提供金融知识宣传、金融技能培训等活动还较少，其活动形式还不够多元化，培训内容还不够丰富，导致其金融能力提升的金融教育供给面临着不足的问题。普惠金融机构在提供金融知识和技能培训时，往往对金融教育与农村人口的生产经营活动结合起来的重视程度不够，也很难真正融入农村人口生产生活当中开展金融教育工作，导致其适用性和实用性较差，也影响了金融教育的质量。

另外，目前金融教育工作大多以短期为主，还没有建立起系统化、长期性的金融教育供给体系。此外，金融机构的工作人员自身由于自身缺乏金融培训技能，其宣传金融知识能力、业务操作能力等有限，也影响其向农村人口宣传金融知识和开展金融教育活动的效果，进而影响农村人口金融能力提升。在实践过程中，普惠金融机构虽然通过农村金融扶贫服务站为农村人口提供普惠金融业务来提升其金融能力，但目前往往是服务站工作人员为农村人口代为办理各种金融服务，农村人口并不能直接使用服务站的设备，致使农村人口某些金融技能难以提高。同时，工作人员还可能在金融交易操作过程中发生错误、收取额外手续费等现象，而农村人口却无法有效保护自身合法的金融权益。

另外，普惠金融机构向农村人口推广手机银行业务，在提升农村人口金融能力上存在诸多现实难题。由于普惠金融机构面向农村人口提供手机银行的金融教育不足，农村人口掌握手机银行知识也非常有限，导致农村人口更倾向于到金融机构的传统网点或代理点办理金融业务，而自身不太熟练操作手机银行。据调查发现，仅有 14.37% 的农村人口可以简单操作手机银行业务。再加上目前移动支付、手机银行等缺乏行业发展规范，金融机构对手机银行业务信息披露不充分、对风险提醒不够，甚至误导和欺诈农村人口做出错误的金融交易决定。如农村人口对手机银行业务及风险的认知不够，可能会出现过度申请贷款而不注意维护，容易出现过度负债、形成信用污点等问题，最终影响农村人口金融能力的提升。因此，手机银行业务在农村地区发展速度不快，使用率还较低（王修华、郭美娟，2014）。

三、阻碍政府部门提升农村人口金融能力的因素

目前，政府部门存在制定或落实扶持政策不够到位、构建激励机制不够完善、推进金融基础设施建设不够持续等障碍因素，影响了可持续提升农村人口金融能力的路径实现。

（一）制定或落实扶持政策不够到位

政府部门虽从宏观层面制定了不少关于普惠金融政策和金融扶贫政策，推动

了我国农村普惠金融改革，也在一定程度上促使农村人口金融能力提升，但效果还不够明显。主要原因在于，政府制定专门针对农村人口尤其是农村低收入人口金融能力提升的金融政策还不够。政府部门往往更重视从金融供给角度即制定政策去扶持普惠金融机构，为农村人口提供金融产品和服务而增收致富，而忽视从需求方即农村人口角度直接制定政策去提升农村人口的金融能力。事实上，农村人口金融能力提升，才能形成可持续的增收致富的内生动力。

（二）构建激励机制不够完善

政府部门还没有真正构建起对下级政府、普惠金融机构、农村人口的激励机制，使政府政策在执行或基层落实过程中容易出现落实不到位或政策理解偏差等现象，政府政策效果有限，制约着我国农村人口金融能力提升。

（1）目前我国农村人口金融能力提升工作没有纳入地方政府部门政绩考核内容，地方政府在提升农村人口金融能力工作成效难以获得中央政府的认可和奖励，其后续工作缺乏持续动力。同时，社会中众多个体有差异化偏好，而满足所有个体偏好的社会偏好是不存在的，也就是说，政府部门很难设计出满足居住分散、数量众多的农村人口多样化金融需求的农村金融体系（赵洪丹、朱显平，2015）。政府主导下的农村金融改革往往是自上而下的，使农村金融机构通常具有典型的外生性特点（李明贤、周孟亮，2013）。

（2）由于政府部门对金融机构激励机制不完善，也直接影响金融机构为农村人口提供金融服务的数量和质量、宣传金融知识等，影响农村人口金融能力提升。外生性的金融机构针对农村人口的金融产品创新性不够，其产品多为直接沿用已有城市人口金融产品，容易忽视农村人口尤其是农村低收入人口真实的、多样化的金融需求，可能形成农村金融的供需不匹配现象（潘晓健、杜莉，2017），使政府金融政策也大打折扣。同时，外生性的金融机构为追求自身利益最大化和响应政府政策号召目标，往往为获得贷款补贴而将涉农贷款主动投向涉农企业、富裕农户、家庭农场主等（王劲屹、张全红，2013），或借助农户贷款额度通过"户贷企用"模式将贷款最终流向农民合作社、涉农企业等，缺乏真正对农村人口尤其是农村低收入人口的金融支持。即便金融机构将资金直接贷款给农村人口，是重点关注信贷率，也未能满足农村人口的支付结算、保险、金融知识和技能获取等多样化的金融服务需求，这些都制约着农村人口的金融能力提升。

（3）政府部门缺乏对农村人口的激励机制，使农村人口缺乏提升金融能力的主动性和积极性。此外，政府部门普及金融政策和知识、开展金融教育和培训指导等工作需要增加政府支出，但其对政府绩效提升不明显，导致政府开展该项工作积极性不高和投入不够，制约了农村人口金融能力提升效果。可见，农村人口还是难以获得所需的金融服务、参与金融活动、获得金融知识和技能等，其金融能力难以有效提升，农村普惠金融也难以实现可持续发展，农村人口很难享受到金融能力提升而带来扩大再生产、创业经营活动等，难以实现增收致富目标。

（三）推进金融基础设施建设不够持续

政府部门还需要为农村人口金融能力提升工作创造一个良好的农村金融基础设施，但目前农村地区推进农村金融基础设施建设还不够持续。当前有不少农村人口在参与金融活动时，可能会面临着金融产品选择困惑，或遇到一些金融纠纷事件，或无法获得所需的金融知识和技能等问题。如目前农村地区还缺乏政策性的相关普惠金融咨询机构，无法为农村人口提供针对性的、中肯的金融建议。同时，农村地区金融生态环境还需要不断优化。有极少数农村人口认为普惠金融机构提供的信贷资金是国家扶贫免费提供的资金，出现一些贷款不偿还的现象，影响了农村地区的信用环境建设。此外，农村地区支付结算体系还有待进一步发展，为农村人口金融经济活动提供便捷的支付。

第五节 本章小结

本章构建了一个囊括农村人口、普惠金融机构、政府部门三方参与主体的提升农村人口金融能力的行为策略演化博弈模型，分析了各参与主体的行为策略及其影响因素。结果显示，提升农村人口金融能力的三方参与主体行为策略的演化博弈不存在稳定中心点，且不存在稳定均衡点，其演化博弈均衡受到多种因素的共同影响。可持续地提升农村人口金融能力的实现路径是提高"政府部门引导"积极行为策略、"普惠金融机构加强"积极行为策略和"农村人口自主"积极行为策略，以及三方参与主体加强协调和通力合作。但在可持续地提升农村人口金融能力过程中，农村人口还存在提高自我金融意识的限制性、增加金融知识和金融技能的有限性、优化金融行为活动的局限性等障碍因素，普惠金融机构面临着金融机构以外生成长居多、金融产品和服务不适合、金融教育供给不够等阻碍因素，政府部门存在制定或落实扶持政策不够到位、构建激励机制不够完善、推进金融基础设施建设不够持续等阻碍因素，这些诸多阻碍因素制约了农村人口金融能力的可持续提升。

第八章　可持续地提升我国农村人口金融能力的对策建议

前文已分析了普惠金融发展中提升农村人口金融能力的影响因素、各参与主体行为策略、提升农村人口金融能力的实现路径及存在的障碍因素等内容的基础上，本章从农村人口、农村普惠金融机构、政府部门三方面构建"三位一体"体系，提出可持续地提升我国农村人口金融能力的对策建议（见图8－1）。

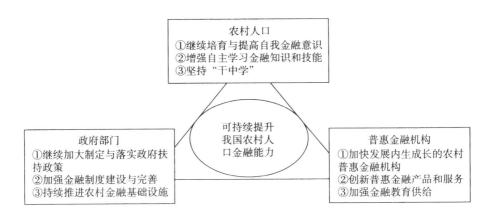

图8－1　可持续提升我国农村人口金融能力的"三位一体"体系

第一节　农村人口维度

针对农村人口还面临着提高自我金融意识的限制性、增加金融知识和金融技能的有限性、优化金融行为活动的局限性等阻碍因素，提出农村人口要继续培育与提高自我金融意识、增强自主学习金融知识和技能、坚持"干中学"等，从农村人口维度可持续地提升农村人口金融能力。

一、继续培育与提高自我金融意识

农村人口需要继续培育与提高自我金融意识，破解其金融意识提升的限制性，形成可持续地提升其金融能力的内在意识动因。农村人口通过积极体验、亲自参与到普惠金融机构的金融教育活动、金融培训活动、金融宣传活动等一系列金融活动当中，让其自身充分认识到提升金融能力对个人及家庭的急迫性与重要性，以此可以改变或更新一些已过时的金融观点与思想，并在其内心当中逐渐形成与不断强化其提升金融能力的意识。农村人口的自我金融意识，会直接影响到参与金融教育活动、购买金融产品等的主动性和积极性，进而影响到金融知识和技能的获取情况、金融行为活动调整与优化效果。农村人口的自我提升金融能力的意识越强，其自身越会积极获取更多的金融知识和技能，做出更合理、科学的金融决策，进而不断优化其金融行为。农村人口通过这些日积月累的金融知识与技能、金融经验与教训等，不断地、反复地促使培育与提高其自我金融意识。为此，农村人口要有终生学习态度和意识，才会源源不断地促使自我金融意识的培育与提高。由此，农村人口的金融意识与金融知识与技能、金融行为之间也会形成一个互动的良性循环。

二、增强自主学习金融知识和技能

农村人口需要不断增强自主学习金融知识和技能，破解其金融知识和金融技能增加的有限性，形成可持续地提升其金融能力的重要动力。农村人口要积极参加、主动体验各种普惠金融机构、政府部门及其他相关主体举办或组织推广的金融知识宣传活动、金融教育活动、金融技能培训活动等现场版的金融活动，通过其亲自现场学习和参与，主动获取所需的金融知识和技能。农村人口还可以针对自己兴趣、自身金融能力的实际情况等，从普惠金融机构网点或金融扶贫服务站领取纸质宣传单、收看电视和手机中抖音、梨视频、快手等小视频、收听村里广播或收音机、查看手机短信、微信、QQ信息等多种渠道，选择更灵活和适合自己的方式来获得普惠金融机构、政府部门的金融知识和技能。此外，农村人口还需客观认知自身金融知识和技能水平不足，还可以利用自身与驻村干部、亲戚朋友、周边邻居等社会关系网，主动加强与其沟通交流的机会，学会准确辨别与科学选取普惠金融产品和服务、了解最新的普惠金融政策和金融市场信息、学习破解金融困惑等，不断增强其自身的金融知识和技能，进而将交流学到的金融知识和技能科学合理地应用到居民金融实践活动中，不仅可以有效提升其金融能力，还可以显著降低参与金融活动的成本。

农村人口结合自身生产、生活的实际需要，主动掌握信贷知识，可以获得普惠金融机构的信贷资金来满足农业扩大再生产、个体经商、创业等过程中资金需求，可以提高农村人口收入水平，实现精准脱贫目标；掌握储蓄和理财产品知识，利用手中暂时不用、闲散的资金来帮助农村人口也可以获得一定的财产性收入；掌握保险知识和投资风险知识，可以分散或降低金融风险，实现农村人口的资产保值增值的目标；掌握准确理解金融合同、科学选择金融产品、合理处理金融纠纷事件等金融技能，可以让农村人口选择适合自身需求的金融产品、开展金融活动等。农村人口不断增强自主学习金融知识和技能，可以提高参与金融活动的信心和积极性，有利于自身金融意识的提高和金融行为的优化，促使农村人口分享金融带来的收益。

三、坚持"干中学"

针对当前绝大多数农村人口金融能力较低的实际现况，农村人口需要不断开展与坚持"干中学"，破解其金融行为活动不够优化的局限性，形成可持续地提升其金融能力的关键动力。农村人口通过不断自身体验、积极参与到金融信息和产品的宣传活动、金融教育与培训活动、购买与享用所需的普惠金融产品和服务等各种类型的金融行为活动当中，坚持"干中学"，可以确保农村人口金融行为活动的不断增多与优化，以此实现有效地提升其金融能力。

农村人口坚持"干中学"，往往需要在参加各金融行为活动当中，能够亲自体验、感受、总结、反思等，以此增强其学习致用能力和金融能力。农村人口在"干中学""学中干""边学边干、边干边学"等金融实践活动过程中，发现一些金融问题、分析并予以解决。农村人口坚持"干中学"，可以逐渐提高其参与金融活动的积极性与兴趣，可以合理辨别目前金融市场中多样化的、合法的金融产品与服务、科学使用普惠金融产品和服务、自主调整与优化金融决策与行为，从而不断培育与提高金融意识、增加金融知识和技能、主动参与金融活动，从而做出科学金融决策，促使其金融能力可持续提升。而农村人口金融能力有效提升的同时，其人力资本水平也会逐步提高，又会促使农村人口更积极、主动地参与金融活动、更有效地获取金融服务、做出更科学的金融决策等，使农村人口参与金融行为活动增多与优化，有利于更好地坚持"干中学"，进而实现农村人口金融能力可持续性地提升，由此形成"坚持干中学"与"提升金融能力"之间实现两者的良性循环。

农村人口通过继续培育与提高自我金融意识、增强自主学习金融知识和技能、坚持"干中学"等方面，以此实现农村人口自我金融意识的培育和提高、金融知识和金融技能的增加、金融行为活动的增多与优化等，以此实现可持续地提升农村人口金融能力。

第二节　农村普惠金融机构维度

针对农村普惠金融机构还面临着金融机构以外生成长居多、金融产品和服务不适合、金融教育供给不够等阻碍因素，提出农村普惠金融机构要加快发展内生成长的农村普惠金融机构、创新普惠金融产品和服务、加强金融教育供给等，从农村普惠金融机构维度可持续地提升农村人口金融能力。

一、加快发展内生成长的农村普惠金融机构

农村普惠金融机构及其分支网点机构要继续践行"普惠金融"理念，确保清晰定位其服务对象为农村人口，以及能够为农村人口提供适合的普惠金融产品与服务、金融教育供给等，制定针对性的提升农村人口金融能力的政策或规则制度。政府要通过制定扶持政策来鼓励加快培育与发展那些从农村人口、与农村人口的经济活动密切相关的农民合作社、涉农企业、家庭农场等经济主体形成自下而上的金融需求而引致产生的内生性的农村普惠金融机构成长，才能促使这些内生成长的农村普惠金融机构真正地服务农村人口，促使其金融能力提升。

农村普惠金融机构要重视农村人口金融能力提升工作，主动为农村人口提供所需的金融资源及机会，并落实工作举措，而不能让普惠金融业务流于形式。同时，农村普惠金融机构要充分运用金融科技、互联网技术发展等，发展依托第三方实体门店或移动设备的无网点银行业务，通过这些创新型模式依据农村人口，尤其是农村低收入人口的金融需求，自下而上地制定提升农村人口金融能力的方案和具体业务。如偏远农村地区可以大力建设金融扶贫服务站，创造条件让那些已建站的服务站真正运营起来，并为针对农村人口的金融需求创新出合适的金融产品与服务、金融知识宣传与培训等，从而可以有效地提升农村人口金融能力。另外，农村普惠金融机构还可以开发合适的农村手机银行业务，提高其业务的针对性和实用性，让农村人口更容易获得手机银行业务来提升其金融能力。总体而言，目前农村普惠金融机构的第三方实体门店的无网点银行业务在农村人口推广阻力总体小，可以大力推广，而手机银行业务在农村人口推广的现实阻力大，可适度推广。但无论农村普惠金融机构发展哪种模式的无网点银行业务，要依据不同地区农村人口差异化的现实金融需求特点，提供不同的金融能力提升方案。

二、创新普惠金融产品和服务

农村普惠金融机构加大开发与创新普惠金融产品和服务，通过为农村人口尤其是农村低收入人口提供合适的、多样化的普惠金融产品和服务，可以促使农村人口更便捷地获得普惠金融产品和服务，提高金融活动的参与率，通过多次体验、接触和使用普惠金融产品和服务，使其金融知识和技能增加、金融意识提高、金融行为优化，促使农村人口金融能力提升。

农村普惠金融机构要利用金融知识下乡活动、金融教育和培训项目等方式充分了解农村人口的实际金融需求，并考虑农村人口认知能力、收入水平等实际情况，开发与创新适合农村人口个性化的、多样性的普惠金融产品和服务，提高普惠金融产品与服务质量（罗荷花、李明贤，2018）。如普惠金融机构面向农村人口提供农业生产经营、农业创业等方面的涉农贷款时，要考虑农业生产季节性、周期性、经济形势变化等特点，设计差异化的贷款额度、偿还方式、还款时间等，并考虑农村人口使用金融产品和服务的灵活弹性。如由于受疫情等突发事件的不利影响，一些农村人口和带动农村人口就业的涉农企业、农民合作社等经济主体可能出现暂时还款难的困境。普惠金融机构需要依据农村地区新的经济情况、不同地区疫情对农村人口的实际影响程度，对还款困难的农村人口、涉农企业等适当地延长贷款期限、加大投放春耕备耕的专项贷款等方式，帮助农村人口度过突发事件而带来的问题（周孟亮，2020）。

农村普惠金融机构还要不断简化普惠金融产品办理手续、适时优化金融服务审批流程、推行通俗易懂的金融合同条款或文本、披露关键透明的金融产品信息等，让农村人口能够正确认识、易于理解、比较选择出适合自己所需的普惠金融产品和服务。农村普惠金融机构提高普惠金融产品与服务的质量，要绝对禁止那些非法的金融产品伪装成普惠金融产品和服务，以高利率、高收益为诱饵，涉及大量虚假宣传，吸引农村人口去盲目购买和使用。农村普惠金融机构通过加强合法的、创新型普惠金融产品和服务的宣传力度，防止那些词语误导性强、高风险性的复杂金融产品流向金融能力较低的农村人口手中，防止出现"存单变保单""信用贷变高利贷"等现象，而损害农村人口合法的金融权益，反而制约了农村人口金融能力提升。

在当前数字普惠金融发展背景下，农村普惠金融机构还要充分运用金融科技方式来不断拓展向农村人口提供金融服务边界、降低金融服务成本、提供更好的用户体验等，为农村人口提供所需的普惠金融产品和服务。农村普惠金融机构不仅为农村人口提供信贷、存款等基础性服务，还需要提供支付结算、汇款、理财咨询、保险、技术指导等金融服务，增加面向农村人口的金融服务供给，提高农村人口获得各类普惠金融服务的可得性。同时，农村普惠金融机构适度发展手机银行业务，并提高手机银行业务在农村人口中的实用性。通过科技手段来不断丰富农村人口的应用场景，通过大数据分析来提高对农村人口尤其是农村低收入人口等长尾客户的覆盖率，并通过风险控制模型来控制金融风险，可以降低普惠金融产品和服务的价格，提高服务效率，促使农村人口可接触、可负担起其普惠金融服务和产品，让农村人口更多地参与金融活动当中，实现其金融能力提升。

三、加强金融教育供给

农村普惠金融机构要面向农村人口尤其是农村低收入人口加强金融教育供给，面向农村人口提供金融知识宣传、金融技能培训等各类金融教育活动，从而不断增强其金融知识和技能、提高金融意识，也有利于做出合理的金融决策，参与金融活动，进而促使农村人口提升其金融能力，也维护好其自身合法的金融权益。

农村普惠金融机构针对农村人口受教育程度较低、接受金融教育能力有限的现状，在面向农村人口提供金融教育时，不要一次性传授过多的金融知识和技能，需要将金融知识体系化整为零，分成各自独立的小知识模块，又可组成一个完整的知识体系，让农村人口提高金融知识和技能的接受率和吸收率，避免因信息过多而出现学习障碍和困难。同时，农村普惠金融机构要将金融知识和技能与农村人口的生产生活紧密结合起来，在选择金融教育内容时注重先易后难，先解决存贷款知识、预算规划制定等基础、急需的金融知识，再提供银行理财产品、农业保险、银行卡使用等难度大的金融知识。农村普惠金融机构传授金融知识和技能时还要注重实用性，将金融教育与实务技能培训相结合，就近组织与开展金融知识与技能的模拟培训，并宣讲一些通过金融服务受益的周边农村人口的典型案例。通过农村同伴和社会关系的影响，可以形成农村人口积极参加金融教育培训活动的气氛，不仅可以提高农村人口对金融教育的兴趣点、参与度和接受性，还可以帮助农村人口因获得实用技能而真正实现增收致富。

农村普惠金融机构可以在机构网点，或者利用金融扶贫服务站、移动银行车等无网点银行业务，或者金融机构与农民合作社、家庭农场等新型农业经营主体以及基层政府组织等加强合作（罗荷花、骆伽利，2019）。在农村学校、村委、乡镇赶集日、集中居住处等农村人口生活经营活动集中场所开展工作，不仅为偏远地区的农村人口提供金融服务，还可以提供针对性强、层次化的金融政策与产品知识宣传、金融技能培训等金融教育内容。农村普惠金融机构需要将提升农村人口金融能力作为提供金融教育的出发点，合理利用各种资源增加金融教育供给，并不断提高金融教育活动的现实性和趣味性。关于金融知识宣传、金融教育和培训指导的资料，普惠金融机构在设计的时候要注重以小视频、图片资料为主，文字资料为辅，增加一些农村人口参与金融教育活动的现场体验，都可以提高农村人口参与的活跃性和效果。同时，农村普惠金融机构进一步规范手机银行业务发展，加强手机银行业务在农村人口的宣传，让农村人口对手机银行业务及风险有正确认知，逐渐构建其金融意识。另外，农村普惠金融机构通过手机银行业务加大向农村人口低成本、及时地宣传最新的金融政策和金融产品信息，让金融机构工作人员面向农村人口开展手机银行使用操作的培训和其他相关的金融教育培训，不仅让农村人口及时便捷地获取金融知识和技能，还可以促使农村人口运用手机银行进行支付、信贷等简单业务，享受现代金融服务的便利，参与到现代金融活动当中，从而有效提升农村人口的金融能力。

此外，农村普惠金融机构在加强金融教育供给过程中，不仅要集中开展金融知识普及月、金融技能培训等短期金融教育供给，还需要构建常态化、长期性的金融教育供给（罗荷花、伍伶俐，2020）。农村普惠金融机构自身要意识到机构面向农村人口开展长期金融教育供给的重要性，其机构需要制定针对农村人口金融能力提升的金融教育目标和具体实施方案，不断完善其金融教育的长效工作机制。农村普惠金融机构要落实长期的金融知识宣传普及、建立金融教育阵地等，且最大限度覆盖包括小孩在内的所有农村人口群体，有效提升整体农村人口的金融教育水平，可以有效提升其金融能力。

第三节 政府部门维度

针对政府部门制定或落实扶持政策不够到位、构建激励机制不够完善、推进金融基础设施建设不够持续等阻碍因素，提出政府部门要继续加强制定与落实政府扶持政策、加强金融制度建设与完善、持续推进农村金融基础设施建设等，从政府部门维度可持续地提升农村人口金融能力。

一、继续加大制定与落实政府扶持政策

政府要继续加大制定与落实农村人口金融能力提升的扶持政策，不仅通过政府政策或举措可以直接促使农村人口获得金融知识和技能、培育金融意识、参与金融活动等提升其金融能力，也可以通过发展农村普惠金融机构或其他社会组织而促使农村人口金融能力提升，以此有效破解当前农村人口金融能力普遍较低的现况。

政府要高度重视其在提升农村人口金融能力中发挥的积极作用。尤其当农村

人口金融能力普遍较低的情况下，国家又刚刚起步开展农村人口金融能力提升工作时，政府部门的扶持工作是极其重要的。政府部门在加大制定与落实扶持政策过程中，首先，要积极参与农村人口金融能力水平的科学测度、金融能力提升项目效果评估等工作，可以帮助政府部门、农村普惠金融机构、其他组织等能够客观、及时地掌握农村人口金融能力提升的需求和"短板"，进而及时调整金融能力扶持政策的关键点、目标、实施措施等，做到有的放矢，更有效地推进农村人口金融能力提升。

其次，政府部门在继续完善普惠金融政策和金融扶贫政策的同时，需要加大制定针对性强的农村人口金融能力提升的扶持政策，并着手进一步细化各项扶持政策，且还需要加大贯彻落实政府扶持政策力度，促使政府扶持政策能够更好地发挥最大政策效果。具体而言，政府部门可以制定直接面向农村人口组织开展金融知识宣传、金融教育、金融培训指导等政策，引导基层政府在面向农村人口开展日常工作的同时，也可以一并开展和落实金融知识宣传、金融教育和指导等活动，可以有效帮助农村人口修正金融认识偏差、摆脱心理账户等，促使农村人口提高参与金融活动的信心和解决金融困惑，促使农村人口金融能力提升。

最后，政府部门可以制定扶持普惠金融机构发展的税收优惠政策、差异化的存款准备金政策、区别化的监管政策等，引导农村普惠金融机构面向农村人口创新普惠金融产品和服务、提供金融知识宣传、提供金融技能培训等工作，帮助农村人口更精准地辨识、理解与获取普惠金融产品与服务、提高金融知识和技能，做出更优的金融决策，进而有效提升农村人口的金融能力。此外，政府部门可以直接为其他社会部门或团体组织开展农村人口金融能力的提升工程提供财政税收优惠、资金奖励支持等扶持政策，引导其他社会组织面向农村人口尤其是农村低收入人口提高金融知识宣传、金融技能培训力度等工作，为提升农村人口金融能力贡献力量。

随着农村人口金融能力提升、工作步入轨道发展，政府要不断弱化政府行政力量，逐渐发挥市场主导因素，注意政府与市场的边界。政府部门仅通过政府政策来引导农村普惠金融机构、其他社会组织自主开展提升农村人口金融能力工作。政府部门绝不能因为农村人口是弱势群体，用行政强制要求或直接参与农村普惠金融机构、其他社会组织等提升农村人口金融能力的工作任务，这样容易造成工作的低效率与腐败问题。提升农村人口金融能力，其最终实现为由政府主导的"输血式"模式变成农村人口自身"造血式"模式，构建农村人口金融能力可持续提升的长效机制。

二、加强金融制度建设与完善

政府部门需要加强农村人口金融能力提升的金融制度建设与完善，可以为农村人口金融能力提升提供制度和法律保障，从制度上保障农村人口金融能力持续提升和合法的金融权益。

政府部门加强农村人口金融能力提升的法律法规和制度建设，可借鉴其他国家或地区的成功做法，政府部门可以考虑出台或增加一些关于农村人口尤其是农村低收入人口金融能力提升、金融教育、金融知识宣传、金融技能培训等方面的法律法规、管理办法或规章条例等，构建起农村人口金融能力提升的长效工作机制，提高其规范性、制度性。同时，政府部门要构建起对下级政府、普惠金融机构、农村人口的激励机制，可以确保下级政府制定更符合当地的农村人口金融能力提升的政策、普惠金融机构制定针对性强的提升农村人口金融能力的措施、农村人口更主动、积极地提升其金融能力。

农村人口金融能力提升是一项复杂的系统工程。针对目前农村人口金融能力较低，而金融教育是有效提升其金融能力的重要组成部分（陈雨丽、罗荷花，2020）。政府部门要了解农村人口金融能力现况，探索金融知识宣传、金融技能培训等各类金融教育对提升农村人口金融能力的有效性和长久性机制。通过定期对农村人口金融能力、金融教育的有效性和效果评估进行科学测度，可以及时了解农村人口金融能力提升中的"短板"和农村人口对各类金融教育的需求，并及时调整政府部门对各类金融教育的资金扶持力度、教育内容、教育形式等，可以有效发挥金融教育在提升农村人口金融能力的有效性和效果。实践证明，最有效的投资教育方式是由学校推行的系统性金融知识教育方式（彭倩、李建勇和宋明莎，2019）。为此，政府部门需要继续制定和推广在全国范围内全面开展将金融知识纳入国民教育体系的制度政策，重视农村孩子循序渐进地接受金融教育，学习金融知识和技能，培育金融意识，可以不断提升其金融能力，让农村孩子摆脱金融能力低的局面，为破解阻断农村贫困代际传递问题贡献一份力量。

同时，政府部门还需要加强中国人民银行、银保监会、财政部等部门、各普惠金融机构、其他社会组织等之间提升农村人口金融能力的协调工作，并从制度上来构建整体规划、部门联动、统筹协调的工作推进机制，可以有效减少各部门在提升金融能力的重复工作、资源浪费等问题，有利于真正实现农村人口金融能力提升。

此外，政府部门还应从法律或制度上来规范农村普惠金融机构发展。规范发展农村普惠金融机构，促使其直接通过提供普惠金融产品和服务、宣传金融知识、提供金融技能培训等影响农村人口金融能力提升效果。同时，规范发展农村普惠金融机构，还可以防范普惠金融机构利用农村人口的有限理性而获取不正当利益，维护农村人口的合法金融权益，减少金融纠纷事件。

三、持续推进农村金融基础设施建设

政府部门要加强农村金融基础设施建设，不断优化农村金融生态环境、不断完善农村地区征信系统、不断发展农村支付结算系统等，可以帮助农村人口更好地获得普惠金融产品和服务、获取金融知识和技能等，从而为农村人口金融能力提升提供有利的外部环境。

政府部门可以引导农村人口在农村地区建设"讲信用、守诚信"的社会环境与氛围，不断优化农村金融生态环境，可以促使农村人口更便捷地、低成本地获得普惠金融机构提供的普惠金融产品和服务，提高农村人口获得金融服务的可得性和使用质量，从而破解农村人口难以获得金融服务的"最后一公里"难题（罗荷花、李明贤和曹艺馨，2015）。农村人口可以在获取各种普惠金融产品和服务过程中，能够通过"干中学"方式不断提升其金融能力。另外，政府部门不断完善农村地区征信系统。政府部门引导建立大数据征信与传统征信、各金融机构等合作与共享信息机制，打通各种信用信息数据壁垒，形成完整的"最后一公里"的农村人口的信用信息系统，实现信用信息在农村地区全覆盖，可以有效帮助农村人口降低获得普惠金融产品和服务的成本。政府部门不断促使农村地区支付结算系统发展。要充分利用当前金融科技在农村地区的应用发展，促使无网点银行设备与业务在农村地区的村级行政区实现全覆盖，并提高金融支付效率，让农村人口享受现代金融服务和移动支付的便利。

此外，政府部门还可以建立提升农村人口金融能力的配套机构，来不断促使农村人口金融能力的提升和维护农村人口合法的金融权益。如针对农村人口金融能力较低现状，农村人口在选择金融产品与服务、处理金融纠纷事件等各种金融困惑时，往往需要金融建议或指导。为此，政府部门可以推动在农村地区建立独立于金融机构的普惠金融咨询机构，让农村人口得到专业的金融建议和指导，能够合理选择出适合自身的金融产品与服务、及时妥善处理好金融纠纷事件，有利于促使农村人口金融能力提升。

第四节　本章小结

本章分析了为了实现可持续地提升我国农村人口金融能力，农村人口要继续培育与提高自我金融意识、增强自主学习金融知识和技能、坚持"干中学"等；农村普惠金融机构要加快发展内生成长的农村普惠金融机构、创新普惠金融产品和服务、加强金融教育供给等；政府部门要继续加大制定与落实政府扶持政策、加强金融制度建设与完善、持续推进农村金融基础设施建设。从农村人口、普惠金融机构、政府部门三方面构建可持续提升农村人口金融能力的"三位一体"体系，由此实现可持续提升农村人口的金融能力，可以真正破解农村人口金融排斥问题，促使农村人口实现"造血式"可持续发展，从而实现农村人口收入持续增长，也为未来实现乡村振兴提供重要的实现途径；也可以促使内生成长型的普惠金融发展模式形成，推动普惠金融机构的产品创新和制度完善，促使普惠金融机构财务可持续发展，以此最终实现普惠金融发展目标。

参考文献

［1］ Abreu M. , Mendes V. Financial Literacy and Portfolio Diversification ［J］. Quantitative Finance, 2010, 10 (5): 515 – 528.

［2］ Agarwal S. , Amromin G. , Ben – David I. , Chomsisengphet S. , Evanoff D. D. Financial Literacy and Financial Planning: Evidence from India ［J］. Journal of Housing Economics, 2015 (27): 4 – 21.

［3］ Allmark P. , Machaczek. FinancialCapability, Health and Disability ［J］. BMC Public Health, 2015, 15 (3): 243 – 249.

［4］ Anderson S. G. , Zhan M. , Scott J. Targeting Financial Management Training at Low – Income Audiences ［J］. Journal of Consumer Affairs, 2004, 38 (1): 167 – 177.

［5］ Arifin A. Z. Influence of Financial Attitude, Financial Behavior, Financial Capability on Financial Satisfaction ［J］. 15th International Symposium on Management, 2018 (3): 100 – 103.

［6］ Arrondel L. Financial Literacy and Asset Behaviour: Poor Education and Zero for Conduct? ［J］. Comparative Economic Studies, 2018 (2): 144 – 160.

［7］ Arrow K. J. The Economic Implications of Learning by Doing ［J］. The Review of Economic Studies, 1962, 29 (3): 155 – 173.

［8］ Atkinson A. , Mckay S. , Kempson E. , CollardS. Level of Financial Capability in the UK: Results of a Baseline Survey ［J］. Public Money & Management, 2007, 27 (1): 29 – 36.

［9］ Baron J. N. Employing Identities in Organizational Ecology ［J］. Industrial and Corporate Change, 2004, 13 (1): 3 – 32.

[10] Beck T, Demirguc kunt A. and Peria M. S. M. Reaching out: Access to and Use of Banking Services across [J]. Journal of Financial Economics, 2007 (85): 234 – 266.

[11] Bell C. , Gorin D. , Hogarth J. M. Does Financial Education Affect Soldiers' Financial Behaviors [J]. Nfi Working Papers, 2009, 117 (1): 169 – 183.

[12] Bernheim B. D. , Garrett D. M. The Effects of Financial Education in the Workplace: Evidence from a Survey of Households [J]. Journal of Public Economics, 2003, 87 (8): 1487 – 1519.

[13] Birkenmaier J. , Fu Q. The Association of Alternative Financial Services Usage and Financial Access: Evidence from the National Financial Capability Study [J]. Journal of Family and Economic Issues, 2015 (8): 165 – 174.

[14] Birkenmaier J. , Sherraden M. , Frey J. J. , Callahan C. , Santiago A. M. Financial Capability and Asset Building with Diverse Populations: Improving Financial Well – being in Families and Communities [M]. Florida: CRA Press, 2018.

[15] Birkenmaier J. , Sherraden M. S. , Curley J. Financial Capability and Asset Development: Research, Education, Policy, and Practice [M]. Oxford: Oxford University Press, 2013.

[16] Bongomin G. O. C. , Munene J. C. , Ntayi J. , Malinga C. A. Nexus between Financial Literacy and Financial Inclusion [J]. International Journal of Bank Marketing, 2018 (6): 286 – 398.

[17] Bowen C. Financial Knowledge of Teens and Their Parents [J]. Journal of Financial Counseling and Planning, 1998 (2): 172 – 195.

[18] Calvet L. E. , Campbell J. Y. , Sodini P. Measuring the Financial Sophistication of Households [J]. The American Economic Review, 2009 (5): 64 – 80.

[19] Campbell J. Y. , Jackson H. E. , Madrian B. C. , Tufano P. Consumer Financial Protection [J]. Journal of Economic Perspectives, 2011 (1): 91 – 114.

[20] Chatterjee S. Borrowing Decisions of Credit Constrained Consumers and the Role of Financial Literacy [J]. Economics Bulletin, 2013, 33 (1): 179 – 191.

[21] Chowa G. , Ansong D. , Despard M. Financial Capabilities for Rural House-

holds in Masindi, Uganda: An Exploration of the Impact of Internal and External Capabilities Using Multilevel Modeling [R]. Social Work Research, 2014.

[22] Clarke M. C. , Heaton M. B. , Israelsen C L. , Eggett D. L. The Acquisition of Family Financial Roles and Responsibilities [R]. Family and Consumer Sciences Research Journal, 2005.

[23] Collins J. M. , Nafziger M. Evaluating Financial Capability Services Provided in a Workforce Development Program [J]. Journal of Consumer Affairs, 2019, 53 (4): 1775 - 1796.

[24] Danes S. M. , Haberman H. Teen Financial Knowledge, Self - Efficacy, and Behavior: A Gendered View [J]. Journal of Financial Counseling and Planning, 2007 (2): 191 - 202.

[25] Davidson S. Take the Long Outlook on Credit Quality and Financial Literacy [J]. Community Banker, 2002, 11 (5): 40 - 42.

[26] Davison G. , Covington M. , Kondratjeva O. , Roll S. P. , Grinstein - Weiss M. A Toolkit for Expanding Financial Capability at Tax Time [M]. Washington: Washington University, 2018.

[27] Demirguc - Kunt, A. et al.. Finance and Economic Development: The Role of Government [R]. Policy Working Paper, 2008.

[28] Despard M. , Chowa G. Social Work Interest in Building Individual's Financial Capabilities [J]. Journal of Financial Therapy, 2010 (1): 23 - 41.

[29] Dixon M. Rethinking Financial Capability: Lessons from Economic Psychology and Behavioral finance [M]. Civil War & Its Aftermath Diverse Perspectives, 2006.

[30] Dohmen T. , Falk A. , Huffman D. , Sunde U. Are Risk Aversion and Impatience Related to Cognitive Ability? [J]. American Economic Review, 2010 (3): 1238 - 1260.

[31] Doran, J. K. , Bagdasaryan, S. Infusing Financial Capability and Asset Building Content Into a Community Organizing Class [J]. Journal of Social Work Education, 2018, 54 (1): 122 - 134.

[32] Fellowes M. , Mabanta M. Banking on Wealth: America's New Retail

Banking Infrastructure and Its Wealth – building Potential [M]. Washington: Brookings Institution, 2008.

[33] Fernandes D. , Lynch J. G. , Netemeyer R. G. Financial Literacy, Financial Education and Downstream Financial Behaviors [J]. Management Science, 2014 (8): 1861 – 1883.

[34] Finney A. , Hayes D. Financial capability in Great Britain: 2010 to 2012 [R]. Office for National Statistics, 2015.

[35] Fornero E. , Monticone C. Financial Literacy and Pension Plan Participation in Italy [J]. Journal of Pension Economics and Finance, 2011 (4): 547 – 564.

[36] Fort M. , Manaresi F. , Trucchi S. Adult financial literacy and households' financial assets: the role of bank information policies [J]. Economic Policy, 2016 (9): 743 – 782.

[37] Freedman S, Jin G Z. Learning by doing with asymmetric information: Evidence from Prosper [R]. National Becreau of Economic Research, Working Paper, NBER, 2011.

[38] French D. , McKillop D. , Stewart E. The Effectiveness of Smartphone apps in Improving Financial Capability [J]. The European Journal of Finance, 2020, 26 (4 – 5): 302 – 318.

[39] Friedman J H. Multivariate Adaptive Regression Spline [J]. The Annals of Statistics, 1991, 19 (1): 1 – 67.

[40] Friedline T. , Elliott, W. , Nam, I. Predicting Savings in Young Adulthood: The Role of Adolescent Savings [J]. Journal of the Society for Social Work and Research, 2011, 2 (1): 1 – 22.

[41] Gans H. J. The Positive Functions of Poverty [J]. American Journal of Sociology, 1972, 78 (2): 275 – 289.

[42] Gathergood J. Self – control, Financial Literacy and Consumer Over – indebtedness [J]. Journal of Economic Psychology, 2012 (6): 590 – 602.

[43] Gaurav S. , Singh A. An Inquiry into the Financial Literacy and Cognitive Ability of Farmers: Evidence from Rural India [J]. Oxford Development Studies, 2012

(8)：151 – 163.

［44］Gerding E. F. The Subprime Crisis and the Link between Consumer Financial Protection and Systemic Risk ［J］. Social Science Electronic Publishing, 2009 (3)：246 – 254.

［45］Cole S, Sampson T, Zia B. Price or Knowledge? What Drives Demand for Financial Services in Emerging Markets? ［J］. The Journal of Finance, 2011, 66 （6）：1933 – 1967.

［46］Grifoni A., Messy F. A. Current Status of National Strategies for Financial Education：A Comparative Analysis and Relevant Practices ［M］. OECD Working Papers on Finance, Insurance and Private Pensions, OECD Publishing, 2012.

［47］Grossman, M. On the Concept of Health Capital and the Demand for Health ［J］. Journal of Political Economy, 1972, 80 （2）：223 – 255.

［48］Guiso L., Jappelli T. Financial Literacy and Consumer Credit Portfolios ［J］. Journal of Banking and Finance, 2013 （7）：2246 – 2254.

［49］Gutter M. S., Garrison S., Copur Z. Social Learning Opportunities and the Financial Behaviors of College Students ［J］. Family and Consumer Sciences, 2010 （6）：35 – 60.

［50］Hastings J S, Madrian B C, Skimmyhorn W L. Financial Literacy, Financial Education, and Economic Outcomes ［J］. Annual Review of Economics, 2013, 5 （1）：347 – 373.

［51］Hong H., Kubik J. D., Stein J. C. Social Interaction and Stock—Market Participation ［J］. Journal of Finance, 2004 （59）：137 – 163.

［52］Huang J., Nam Y. J., Lee E. J. Financial Capability and Economic Hardship Among Low – Income Older Asian Immigrants in a Supported Employment Program ［J］. Journal of Family and Economic Issues, 2015 （2）：239 – 250.

［53］Huang J., Nam Y. J., Sherraden M. S., Clancy M. M. Improved Financial Capability Can Reduce Material Hardship among Mothers ［J］. Social Work, 2016 （4）：313 – 320.

［54］Huang Y., Luk P. Measuring Economic Policy Uncertainty in China ［R］.

Hong Kong Baptist University Working Paper, 2018.

[55] Hung A. , Parker A. M. , Yoong J. Defining and measuring financial literacy [J]. Social Science Electronic Publishing, 2009 (23): 179 –207.

[56] Huston S. J. Measuring Financial Literacy [J]. The Journal of Consumer Affairs, 2010, 44 (2): 296 –311.

[57] Huston S. J. Financial Literacy and the Cost of Borrowing [J]. International Journal of Consumer Studies, 2012, 36 (5): 566 –572.

[58] Jappelli T. , Padula M. Investment in Financial Literacy and Saving Decisions [J]. Journal of Banking & Finance, 2011, 37 (8): 2779 –2792.

[59] Johnson E. , Sherraden M. From Financial Literacy to Financial Capability Among Youth [J]. Journal of Sociology and Social Welfare, 2007 (3): 119 –145.

[60] Kempson E. , Perotti V. , Scott K. Measuring Financial Capability: A New Instrument and Results from Low and Middle – Income Countries [R]. World Bank, Washington, 2013.

[61] Kempson E. , Finney A. Saving in lower – income households: A review of the evidence [J]. Financial Inclusion Taskforce, 2009 (2): 87 –93.

[62] Kempson E. , Whyley C. Kept In or Opted Out Understanding and Combating Financial Exclusion [M]. Bristol: Policy Press, 1999.

[63] Kempson E. , Collard S. , Moore N. Measuring Financial Capability: An Exploratory Study [D]. London, United Kingdom: Financial Services Authority, 2005.

[64] Kimball M. S. , Shumway T. Investor Sophistication and the Home Bias, Diversification, and Employer Stock Puzzles [J]. Social Science Electronic Publishing, 2010 (11): 121 –132.

[65] Lamb L. Financial Exclusion and Financial Capabilities in Canada [J]. Journal of Financial Economic Policy, 2016 (2): 212 –227.

[66] Lusardi A. Financial Capability in the United States: Consumer Decision – Making and the Role of Social Security [J]. SSRN Electronic Journal, 2010 (9): 354 –369.

[67] Lusardi A. Financial Literacy and the Need for Financial Education: Evidence and Implications [J]. Swiss Journal of Economics and Statistics, 2019 (1): 1 – 8.

[68] Lusardi A. , Lin J. T. , Bumcrot C. , Ulicny T. Financial Capability in the United States 2016 [R] . FINRA Foundation, 2016.

[69] Lusardi A. , Michaud P. C. , Mitchell O. S. Optimal Financial Knowledge and Wealth Inequality [J]. The journal of political economy, 2017, 125 (2): 431 – 477.

[70] Lusardi A. , Mitchell O. S. Financial Literacy and Planning: Implications for Retirement Wellbeing [R]. NBER Working Paper, 2006.

[71] Lusardi A. , Mitchell O. S. The Economic Importance of Financial Literacy: Theory and Evidence [J]. Journal of the Economic Literature, 2014 (1): 5 – 44.

[72] Lusardi A. , Mitchell O. S. Financial Literacy and Retirement Preparedness: Evidence and Implications for Financial Education [J]. Business Economics, 2007, 42 (1): 35 – 44.

[73] Lusardi A. , Mitchell O. S. Financial Literacy around the World: An Overview [J]. Journal of Pension Economics and Finance, 2011, 10 (4): 497 – 508.

[74] Lusardi A. , Tufano P. Debt Literacy, Financial Experiences and Overindebtedness [D]. Cambridge: Harvard University, 2009.

[75] Luukkanen L. , Uusitalo O. Toward Financial Capability—Empowering the Young [J]. Journal of Consumer Affairs, 2019, 53 (2): 263 – 295.

[76] Madi A. K. M. , Yusof R. M. Financial Literacy and Behavioral Finance: Conceptual Foundations and Research Issues [J]. Journal of Economics and Sustainable Development, 2018 (10): 231 – 277.

[77] Marchant C. , Harrison T. Emerging Adults' Financial Capability: A Financial Socialization Perspective [J]. International Journal of Consumer Studies, 2020, 44 (2): 99 – 110.

[78] Mandell L. , Klein L. The Impact of Financial Literacy Education on Subsequent Financial Behavior [J]. Journal of Financial Counseling and Planning, 2009, 20

（1）：15 – 24.

［79］Mangan J. , Hughes A. , Slack K. Student Finance, Information and Decision Making［J］. Family and Consumer Sciences, 2010（11）：431 – 467.

［80］Maya A. The Consumer Financial Protection Bureau（CFPB）and the Real Impact in 2016 USA Economic Protecting American Families from Unfair, Abusive Financial Practices［R］. SSRN, 2017.

［81］Moffitt T. E. , Arseneault L. , Belsky D. A Gradient of Childhood Self – control Predicts Health, Wealth, and Public Safety［R］. Proceedings of the National Academy of Sciences of the United States of America, 2011.

［82］Munshi K. , Rosenzweig M. Why is Mobility in India So Low? Social Insurance, Inequality and Growth［R］. NBER Working Paper, 2010.

［83］Nussbaum M. C. Creating Capabilities：The Human Development Approach［M］. Cambridge：Harvard University Press, 2011.

［84］Nussbaum M. Women's Capabilities and Social Justice［J］. Journal of Human Development, 2000（1）：219 – 247.

［85］Pathak P. , Holmes J. , Zimmerman J. Accelerating Financial Capability among Youth Nudging New Thinking［J］. New Amerrica Foundation, 2011（6）：1 – 16.

［86］Petrick, M. A Micro econometric Analysis of Credit Rationing in the Polish Farm Sector［J］. European Review of Agricultural Economics, 2004, 31（1）：77 – 101.

［87］Potocki T. Financial Capabilities and Poverty Alleviation：The Role of Responsible Financial Decisions［C］. Corporate Social Responsibility Academic Insights and Impacts, Springer International Publishing, 2016（8）：23 – 44.

［88］Robeyns I. The Capability Approach：A Theoretical Survey［J］. Journal of Human Development, 2005, 6（1）：93 – 114.

［89］Rogers B. From Financial Literacy to Financial Capability［R］. Filene Research Institute Research Report, 2012.

［90］Rooij M. , Lusardi A. , Alessiee R. Financial Literacy and Stock Market Participation［J］. Journal of Financial Economics, 2011（8）：449 – 472.

［91］Rothwell D. W. The Impact of Financial Education on Financial Capability and Financial Inclusion in Canada: A Life – Courses Perspective [R]. Society for Social Work and Research, 2016.

[92] Rothwell D. W. , Wu S. Y. Exploring the Relationship between Financial Education and Financial Knowledge and Efficacy: Evidence from the Canadian Financial Capability Survey [J]. Journal of Consumer Affairs, 2019, 53 (4): 1725 – 1747.

[93] Ruiz – Durán C. Mexico: Financial Inclusion and Literacy Outlook [J]. International Handbook of Financial Literacy, 2016 (3): 291 – 304.

[94] Santos D. B. , Mendes – Da – Silva W. , Gonzalez L. Financial Literacy and Informal Loan [J]. Individual Behaviors and Technologies for Financial Innovations, 2018 (7): 143 – 165.

[95] Schuchardt J. , Hanna S. D. , Hira T. K. , Lyons A. C. , Palmer L. , Xiao J. J. Financial Literacy and Education Research Priorities [J]. Journal of Financial Counseling and Planning, 2009, 20 (1): 84 – 95.

[96] Schultz T. W. Investment in Human Capital [J]. Amercian Economic Review, 1961 (51): 1 – 17.

[97] Sevim N. , Temizel F. , zlem S. The Effects of Financial Literacy on the Borrowing Behaviour of Turkish Financial Consumers [J]. International Journal of Consumer Studies, 2012, 36 (5): 573 – 579.

[98] Servon L. J. , Kaestner R. Consumer Financial Literacy and the Impact of Online Banking on the Financial Behavior of Lower – Income Bank Customers [J]. Journal of Consumer Affairs, 2008, 42 (2): 271 – 305.

[99] Sheen G. M. Financial Capability and Psychological Well – Being. : A Cluster Analysis of Credit Union Members [J]. Journal of Cooperative Studies, 2012, 45 (2): 57 – 61.

[100] Sherraden M. S. , Ansong D. Financial Literacy to Financial Capability [C] . International Handbook of Financial Literacy, Springer Science + Business Media Singapore, 2016: 83 – 93.

[101] Sherraden M. S. , Birkenmaier J. , Collins J. M. Financial Capability and Asset Building in Vulnerable Households: Theory and Practice [M]. Oxford: Oxford

University Press, 2018.

[102] Sherraden M. S. , Birkenmaier J. , Collins J. M. Financial Capability for All: Training Human Service Professionals to Work with Vulnerable Families [J]. Journal of Consumer Affairs, 2019, 53 (3): 869 – 876.

[103] Sherraden M. S. Financial Capability: What Is It, and How Can It Be Created? [R]. CSD Working Papers, 2010.

[104] Sherraden M. S. , Birkenmaier J. , Mcclendon G. , Rochelle M. Financial Capability and Asset Building in Social Work Education: Is It "The Big Piece Missing?" [J]. Journal of Social Work Education, 2016 (9): 132 – 148.

[105] Sherraden M. S. , Johnson L. , Guo B. , Elliott W. Financial Capability in Children: Effects of Participation in a School – Based Financial Education and Savings Program [J]. Journal of Family and Economic Issues, 2011, 32 (3): 385 – 399.

[106] Sledge J. , Tescher J. , Gordon S. From Financial Education to Financial Capability: Opportunities for Innovation [J]. The Journal of Consumer Education, 2017 (27): 16 – 30.

[107] Spataro L. , Corsini C. Endogenous Financial Literacy, Saving and Stock Market Participation [J]. Munich Personal RePEc Archive, 2013 (2): 13 – 31.

[108] Stango V. , Zinman J. Exponential Growth Bias and Household Finance [J]. The Journal of Finance, 2009 (6): 2807 – 2849.

[109] Taylor M. Measuring Financial Capability and its Determinants Using Survey Data [J]. Social Indicators Research, 2011, 102 (2): 297 – 314.

[110] Taylor M. , JenkinsS. , Sacker A. Financial Capability and Wellbeing: Evidence from the BHPS [R]. Financial Services Authority, London, 2009.

[111] Vlaev I. , Elliott A. Defining and Influencing Financial Capability [J]. Economic Psychology, 2017 (6): 187 – 205.

[112] Walstad W. B. , Rebeck K. , Macdonald R. A. The Effects of Financial Education on the Financial Knowledge of High School Students [J]. Journal of Consumer Affairs, 2010 (6): 261 – 295.

[113] Webley P. , Nyhus E. K. Parents' Influence on Children's Future Orien-

tation and Saving [J]. Journal of Economic Psychology, 2006, 27 (1): 140 - 164.

[114] West S., Friedline T. Coming of Age on a Shoestring Budget: Financial Capability and Financial Behaviors of Lower - Income Millennials [M]. Oxford: Oxford University Press, 2016.

[115] World Bank. Financial Capability Surveys Around the World, Why Financial Capability is Important and How Surveys Can Help [R]. World Bank, Washington, D. C., 2013.

[116] Xiao J. J. Consumer Financial Capability and Wellbeing [M]. Handbook of Consumer Finance Research, 2016.

[117] Xiao J. J., Chen C., Chen F. Z. Consumer Financial Capability and Financial Satisfaction [J]. Social Indicators Research, 2014, 118 (1): 415 - 432.

[118] Xiao J. J., Neill B. O. Consumer financial education and financial capability [J]. International Journal of Consumer Studies, 2016 (6): 712 - 721.

[119] Xu L, Zia B. Financial Literacy Around the World: An Overview of the Evidence with Practical Suggestions for the Way Forward [J]. Social Science Electronic Publishing, 2012 (6): 9 - 12.

[120] Yunus M. Creating A World Without Poverty: Social Business and the Future of Capitalism [M]. PublicAffairs Press, 2008.

[121] Zia B. H. Enhancing Financial Capability and Inclusion in Senegal: A Demand - side Survey [EB/OL]. World Bank Group Finance & Markets, 2016.

[122] Zokaityte. The Financial Capability Project: EDU - regulating Consumer Financial Markets through the Democratisation of Financial Knowledge [EB/OL]. https://kar. kent. ac. uk/54171/, 2016 (9).

[123] 阿玛蒂亚·森. 以自由看待发展[M]. 北京: 中国人民大学出版社, 2002.

[124] 贝多广, 李焰. 数字普惠金融新时代[M]. 北京: 中信出版社, 2017.

[125] 贝多广, 莫秀根. 攻坚"最后一公里", 中国普惠金融发展报告 (2018) [M]. 北京: 中国金融出版社, 2018.

[126] 贝多广, 张锐. 试论普惠金融国家发展战略的目标[J]. 财经智库,

2016，1（15）：5－21＋141.

［127］边瑞云．农户金融素养测评及影响因素研究——基于豫陕宁实地调研［D］.郑州：郑州大学硕士学位论文，2019.

［128］曹瓅，罗剑朝．社会资本、金融素养与农户创业融资决策［J］.中南财经政法大学学报，2019（3）：3－13＋158.

［129］曹霞，张路蓬．环境规制下企业绿色技术创新的演化博弈分析——基于利益相关者视角［J］.系统工程，2017，35（2）：103－108.

［130］柴时军．社会网络、年龄结构对家庭金融资产选择的影响［D］.广州：暨南大学博士学位论文，2016.

［131］陈浩．人力资本与农村劳动力非农就业问题研究［D］.南京：南京农业大学博士学位论文，2007.

［132］陈杨杨，陆波，曹柬，章旬禹．政府、互联网金融机构与公众消费者三方博弈——基于不同信息安全性产品的分析［J］.浙江工业大学学报（社会科学版），2015，14（4）：403－407＋424.

［133］陈雨丽，罗荷花．金融教育、金融素养与家庭风险金融资产配置［J］.金融发展研究，2020（6）：57－64.

［134］陈雨露．金融发展中的政府与市场关系［J］.经济研究，2014，49（1）：16－19.

［135］陈昱燃，熊德平．基于政府和金融机构视角下的资源转型地区绿色金融发展研究——以山西省为例［J］.金融理论与实践，2019（11）：54－61.

［136］陈姿，罗荷花．金融素养对居民家庭资产的影响研究［J］.金融理论与实践，2019（9）：60－68.

［137］崔静雯，徐书林，李云峰．金融知识、有限关注与金融行为［J］.金融经济学研究，2019，34（6）：105－119.

［138］丹尼尔·卡尼曼．思考，快与慢［M］.胡晓姣，李爱民，何梦莹，译.北京：中信出版社，2012.

［139］单德朋．金融素养与城市贫困［J］.中国工业经济，2019（4）：136－154.

［140］董晓林，戴月，朱晨露．金融素养对家庭借贷决策的影响——基于CHFS2013的实证分析［J］.东南大学学报（哲学社会科学版），2019，21（3）：44－

52 + 146 - 147.

　　[141] 董晓林，石晓磊．信息渠道、金融素养与城乡家庭互联网金融产品的接受意愿[J]．南京农业大学学报（社会科学版），2018（4）：109 - 118 + 159.

　　[142] 杜朝运，丁超．基于夏普比率的家庭金融资产配置有效性研究——来自中国家庭金融调查的证据[J]．经济与管理研究，2016，37（8）：52 - 59.

　　[143] 郭学军，杨蕊，刘浏，郭立宏．贫困地区农户金融素质与信贷约束——基于甘肃省辖集中连片特殊困难地区实地调查[J]．兰州大学学报（社会科学版），2019，47（2）：161 - 171.

　　[144] 龚毓烨．普惠金融视阈下实施金融扶贫的成效、问题和对策探析[J]．区域金融研究，2019（4）：17 - 23.

　　[145] 何光辉，杨咸月．手机银行模式与监管：金融包容与中国的战略转移[J]．财贸经济，2011（4）：46 - 54.

　　[146] 何广文，何婧，郭沛．再议农户信贷需求及其信贷可得性[J]．农业经济问题，2018（2）：38 - 49.

　　[147] 何学松，孔荣．金融素养、金融行为与农民收入——基于陕西省的农户调查[J]．北京工商大学学报（社会科学版），2019，34（2）：1 - 11.

　　[148] 何学松，孔荣．政府推广、金融素养与创新型农业保险产品的农民行为响应[J]．西北农林科技大学学报（社会科学版），2018（5）：128 - 136.

　　[149] 赫伯特·西蒙．现代决策理论的基础：有限理性说[M]．杨砾，译．北京：北京经济学院出版社，1989.

　　[150] 洪培原，罗荷花．农户金融能力建设促进精准扶贫的思路探析[J]．农业展望，2019，15（9）：18 - 21.

　　[151] 胡振，苏日乐．消费者金融素养研究综述[J]．金融与经济，2019（10）：84 - 88 + 37.

　　[152] 胡振，臧日宏．金融素养对家庭理财规划影响研究——中国城镇家庭的微观证据[J]．中央财经大学学报，2017（2）：72 - 83.

　　[153] 胡振，臧日宏．金融素养过度自信影响股票市场参与吗？——基于中国城镇家庭的微观数据[J]．北京工商大学学报（社会科学版），2016（6）：101 - 111.

［154］胡振．金融素养对城镇家庭金融资产选择的影响研究［D］．北京：中国农业大学博士学位论文，2017.

［155］胡振．金融素养与家庭财富积累［J］．中南财经政法大学学报，2018（4）：110－117.

［156］黄海棠，李登峰，蔡创能，滕剑仑．基于三方演化博弈模型的精准扶贫主体行为研究［J］．电子科技大学学报（社会科学版），2020，22（2）：77－87.

［157］黄薇．保险政策与中国式减贫：经验、困局与路径优化［J］．管理世界，2019，35（1）：135－150.

［158］贾立，袁涛，邓国营．金融素养能降低家庭债务负担吗——基于CHFS数据的实证研究［J］．广东财经大学学报，2020（3）：98－112.

［159］焦瑾璞，陈瑾．建设中国普惠金融体系——提供全民享受现代金融服务的机会和途径［M］．北京：中国金融出版社，2009.

［160］焦瑾璞，王爱俭．普惠金融：基本原理与中国实践［M］．北京：中国金融出版社，2015.

［161］李建军，韩珣．普惠金融、收入分配和贫困减缓——推进效率和公平的政策框架选择［J］．金融研究，2019（3）：129－148.

［162］李建军，周叔媛．高管金融素养是否影响企业金融排斥？——基于缓解中小企业融资难的视角［J］．中央财经大学学报，2019（7）：19－31.

［163］李明贤，罗荷花，叶慧敏．基于农村金融增量改革的农户融资约束缓解研究［M］．北京：人民出版社，2018.

［164］李明贤，唐文婷．农村金融成长路径、农户金融参与和融资约束缓解［J］．管理世界，2017（4）：178－179.

［165］李明贤，唐文婷．普惠金融发展中的农村金融消费者权益保护研究［J］．农村经济，2017（12）：50－55.

［166］李明贤，吴琦．我国农村居民金融能力评价指标体系及其影响因素研究［J］．金融理论与实践，2018（3）：45－50.

［167］李明贤，周孟亮．我国普惠制农村金融体系建设研究［M］．北京：商务印书馆，2013.

[168] 李庆海，张锐，孟凡强．金融知识与中国城镇居民财产性收入[J]．金融经济学研究，2018，33（3）：93 - 103.

[169] 李思琪，罗荷花．农村普惠金融机构支农能力建设中存在的问题及对策研究——以湖南省为例[J]．当代农村财经，2019（2）：2 - 5.

[170] 李涛，王志芳，王海港，谭松涛．中国城市居民的金融受排斥状况研究[J]．经济研究，2010（7）：15 - 30.

[171] 李伟，冯泉．政府补偿背景下金融机构扶贫可持续性分析——一个理论分析框架[J]．上海金融，2018（1）：35 - 42.

[172] 李云峰，徐书林，白丽华．金融知识、过度自信与金融行为[J]．宏观经济研究，2018（3）：33 - 47.

[173] 李长生，张文棋．信贷约束对农户收入的影响——基于分位数回归的分析[J]．农业技术经济，2015（8）：43 - 52.

[174] 林艳丽，杨童舒．产业精准扶贫中企业、贫困户和地方政府行为的演化博弈分析[J]．东北大学学报（社会科学版），2020，22（1）：40 - 48.

[175] 刘波，胡宗义，龚志民．金融素养、风险偏好与家庭金融资产投资收益[J]．商学研究，2019，26（5）：5 - 16.

[176] 刘丹，陆佳瑶．金融知识对农户信贷行为的影响研究——基于代际差异的视角[J]．农业技术经济，2019（11）：18 - 28.

[177] 刘国强．我国消费者金融素养现状研究——基于2017年消费者金融素养问卷调查[J]．金融研究，2018（3）：1 - 20.

[178] 刘明轩，姜长云．农户分化背景下不同农户金融服务需求研究[J]．南京农业大学学报（社会科学版），2015（5）：71 - 78 + 139.

[179] 刘伟，夏立秋．网络借贷市场参与主体行为策略的演化博弈均衡分析——基于三方博弈的视角[J]．中国管理科学，2018（5）：169 - 177.

[180] 刘旭．国际无网点银行实践及其对中国的启示[D]．成都：西南财经大学硕士学位论文，2014.

[181] 刘阳，张雨涵．居民金融素养与家庭诈骗损失[J]．消费经济，2020，36（2）：60 - 71.

[182] 刘自强，樊俊颖．金融素养影响农户正规信贷获得的内在机制研

究——基于需求角度的分析[J].农业现代化研究,2019,40(4):664-673.

[183]卢建.金融素养、市场参与与金融福祉——基于有限理性的分析视角[D].南京:东南大学硕士学位论文,2015.

[184]鲁斯玮,罗荷花,陈波.中国家庭风险金融资产投资决策影响因素及其区域性差异——基于CGSS2015数据[J].金融理论与实践,2018(8):51-57.

[185]陆远权,张德钢.双重目标约束与农村新型金融机构的可持续发展[J].南方金融,2011(8):52-54+47.

[186]罗荷花,骆伽利.多维视角下普惠金融对农村减贫的影响研究[J].当代经济管理,2019,41(3):80-88.

[187]罗荷花,李明贤.农村金融机构开展农户融资的意愿及影响因素分析[J].南方农村,2018,34(5):27-33.

[188]罗荷花,李明贤,曹艺馨.我国农户融资需求及其融资可获得性的影响因素分析[J].农村经济,2015(8):52-57.

[189]罗荷花,欧阳佳俊.政府扶持政策对农村减贫效果的影响[J].统计与决策,2019,35(17):92-95.

[190]罗荷花,伍伶俐.基于收入异质性视角的农户融资约束评估及影响因素分析[J].农村经济,2019(11):101-109.

[191]罗荷花,伍伶俐.金融知识促进深度贫困地区农村居民家庭创业吗?[J].上海金融,2020(1):54-61+79.

[192]罗荷花,谢晋元.深度贫困地区农村人口金融能力测评及影响因素分析[J].财经理论与实践,2020(3):25-30.

[193]罗荷花.我国普惠制农村金融机构支农能力建设研究[D].长沙:湖南农业大学硕士学位论文,2011.

[194]罗娟,王露露.金融素养、自信偏差与家庭财富[J].商业研究,2018(5):103-112.

[195]马九杰,吴本健,周向阳.农村金融欠发展的表现、成因与普惠金融体系构建[J].理论探讨,2013(2):74-78.

[196]马双,赵朋飞.金融知识、家庭创业与信贷约束[J].投资研究,2015(1):25-38.

[197] 玛莎·C. 纳斯鲍姆. 寻求有尊严的生活：正义的能力理论[M]. 田雷, 译. 北京：中国人民大学出版社, 2016.

[198] 孟德锋, 田亮, 严伟祥. 金融素养与信用消费行为——以信用卡为例[J]. 金融论坛, 2019, 24 (11)：67 – 80.

[199] 孟宏玮, 闫新华. 金融素养对城镇家庭消费的影响——基于中国家庭金融调查数据的实证研究[J]. 调研世界, 2020 (3)：16 – 21.

[200] 潘施琴. 农民金融发展权立法：一个分析框架[J]. 理论月刊, 2012 (7)：114 – 117.

[201] 潘晓健, 杜莉. 以供给侧结构性改革推动我国农村普惠金融纵深发展[J]. 经济纵横, 2017 (2)：17 – 21.

[202] 彭积春. 金融素养与家庭借贷行为研究——来自中国城市家庭消费金融调查的证据[J]. 湘潭大学学报 (哲学社会科学版), 2019, 43 (1)：125 – 129.

[203] 彭倩, 李建勇, 宋明莎. 金融教育、金融素养与投资组合的分散化行为——基于一项投资者金融教育调查的实证分析[J]. 财经科学, 2019 (6)：14 – 27.

[204] 秦芳, 王文春, 何金财. 金融知识对商业保险参与的影响——来自中国家庭金融调查 (CHFS) 数据的实证分析[J]. 金融研究, 2016 (10)：143 – 158.

[205] 苏岚岚, 何学松, 孔荣. 金融知识对农民农地抵押贷款需求的影响——基于农民分化、农地确权颁证的调节效应分析[J]. 中国农村经济, 2017 (11)：75 – 89.

[206] 苏岚岚, 孔荣. 金融素养、创业培训与农民创业决策[J]. 华南农业大学学报 (社会科学版), 2019 (3)：53 – 64.

[207] 苏岚岚, 孔荣. 金融素养与农村要素市场发育的互动关联机理研究[J]. 中国农村观察, 2019 (2)：61 – 77.

[208] 隋艳颖, 马晓河. 西部农牧户受金融排斥的影响因素分析——基于内蒙古自治区 7 个旗 (县) 338 户农牧户的调查数据[J]. 中国农村观察, 2011 (3)：50 – 60.

[209] 孙光林, 李庆海, 李成友. 欠发达地区农户金融知识对信贷违约的影响——以新疆为例[J]. 中国农村观察, 2017 (4)：87 – 101.

[210] 谭燕芝, 彭千芮. 金融能力、金融决策与贫困[J]. 经济理论与经济

管理，2019（2）：62－77.

［211］唐文婷，李明贤．普惠金融的政府行为与农村金融消费者权益保护［J］.财经科学，2018（11）：3－14.

［212］王惠，王静．基于演化博弈模型的金融联结模式下农户信用行为演化［J］.首都经济贸易大学学报，2019，21（1）：42－49.

［213］王姣，马国温，姚爽．中国农村居民金融素养现状及提升研究［J］.农业经济，2019（3）：82－84.

［214］王劲屹，张全红．村镇银行回归服务"三农"路径研究［J］.农村经济，2013（1）：84－88.

［215］王修华，傅勇，贺小金，谭开通．中国农户受金融排斥状况研究——基于我国8省29县1547户农户的调研数据［J］.金融研究，2013，（7）：139－152.

［216］王修华，郭美娟．金融包容视角下农村手机银行发展探析［J］.农业经济问题，2014，35（9）：61－68.

［217］王英，单德朋，庄天慧．中国城镇居民金融素养的性别差异——典型事实与影响因素［J］.中南财经政法大学学报，2019（5）：115－123.

［218］王宇熹，范洁．消费者金融素养影响因素研究——基于上海地区问卷调查数据的实证分析［J］.金融理论与实践，2015（3）：70－75.

［219］王正位，邓颖惠，廖理．知识改变命运：金融知识与微观收入流动性［J］.金融研究，2016（12）：111－127.

［220］汪三贵，胡骏．从生存到发展：新中国七十年反贫困的实践［J］.农业经济问题，2020（2）：4－14.

［221］汪三贵，曾小溪．从区域扶贫开发到精准扶贫——改革开放40年中国扶贫政策的演进及脱贫攻坚的难点和对策［J］.农业经济问题，2018（8）：40－50.

［222］魏丽萍，陈德棉，谢胜强．互联网金融投资决策：金融素养、风险容忍和风险感知的共同影响［J］.管理评论，2018（9）：61－71.

［223］温涛，刘达．农村金融扶贫：逻辑、实践与机制创新［J］.社会科学战线，2019（2）：65－71＋281＋2.

［224］温忠麟，叶宝娟．中介效应分析：方法和模型发展［J］.心理科学进展，2014（5）：731－745.

［225］吴锟，吴卫星．金融素养对居民信用卡使用的影响［J］.北京工商大学学报（社会科学版），2018（4）：84－95.

［226］吴锟，吴卫星．理财建议可以作为金融素养的替代吗？［J］.金融研究，2017（8）：161－176.

［227］吴明隆．结构方程模型——AMOS的操作与应用［M］.重庆：重庆大学出版社，2010.

［228］吴卫星，李雅君．家庭结构和金融资产配置——基于微观调查数据的实证研究［J］.华中科技大学学报（社会科学版），2016，30（2）：57－66.

［229］吴卫星，吴锟，王琎．金融素养与家庭负债——基于中国居民家庭微观调查数据的分析［J］.经济研究，2018（1）：97－109.

［230］吴卫星，吴锟，张旭阳．金融素养与家庭资产组合有效性［J］.国际金融研究，2018（5）：66－75.

［231］吴卫星，张旭阳，吴锟．金融素养对家庭负债行为的影响——基于家庭贷款异质性的分析［J］.财经问题研究，2019（5）：57－65.

［232］吴雨，彭嫦燕，尹志超．金融知识、财富积累和家庭资产结构［J］.当代经济科学，2016，38（4）：19－29＋124－125.

［233］吴雨，宋全云，尹志超．农户正规信贷获得和信贷渠道偏好分析——基于金融知识水平和受教育水平视角的解释［J］.中国农村经济，2016（5）：43－55.

［234］吴雨，杨超，尹志超．金融知识、养老计划与家庭保险决策［J］.经济学动态，2017（12）：86－98.

［235］伍再华，谢北辰，郭新华．借贷约束、金融素养与中国家庭股票市场"有限参与"之谜［J］.现代财经（天津财经大学学报），2017（12）：20－35.

［236］西格蒙德·弗洛伊德．精神分析引论［M］.周丽，译．武汉：武汉出版社，2014.

［237］肖经建．消费者金融能力的培养和教育：美国的经验与启示［J］.清华金融评论，2014（12）：41－44.

［238］星焱．普惠金融：一个基本理论框架［J］.国际金融研究，2016（9）：21－37.

［239］熊双粲，夏业茂．金融素养与文化观念对家庭负债的影响——基于两

部分模型的经典回归分析[J].生产力研究,2020(4):29-31.

[240]许圣道,田霖.我国农村地区金融排斥研究[J].金融研究,2008(7):195-206.

[241]杨柳,刘芷欣.金融素养对家庭商业保险消费决策的影响——基于中国家庭金融调查(CHFS)的分析[J].消费经济,2019,35(5):53-63.

[242]叶雯,刘慧宏,熊德平.金融机构支农的政策激励机理:动态博弈的分析框架[J].科技与管理,2015,17(2):75-80.

[243]杨亦民.双重目标驱动下农村新型金融组织创新研究[M].北京:经济管理出版社,2018.

[244]易小兰.农户正规借贷需求及其正规贷款可获性的影响因素分析[J].中国农村经济,2012(2):56-63+85.

[245]尹飞霄.人力资本与农村贫困研究:理论与实证[D].南昌:江西财经大学博士学位论文,2013.

[246]尹志超,耿梓瑜,潘北啸.金融排斥与中国家庭贫困——基于CHFS数据的实证研究[J].财经问题研究,2019(10):60-68.

[247]尹志超,宋全云,吴雨,彭嫣燕.金融知识、创业决策和创业动机[J].管理世界,2015(1):87-98.

[248]尹志超,宋全云,吴雨.金融知识、投资经验与家庭资产选择[J].经济研究,2014(4):62-74.

[249]尹志超,张号栋.金融知识、自信心和家庭信贷约束[J].社会科学辑刊,2020(1):172-181+209.

[250]于潇,孙悦.城镇与农村流动人口的收入差异——基于2015年全国流动人口动态监测数据的分位数回归分析[J].人口研究,2017(1):84-97.

[251]余文建,武岳,华国斌.消费者金融素养指数模型构建与分析[J].上海金融,2017(4):27-34.

[252]曾志耕,何青,吴雨,尹志超.金融知识与家庭投资组合多样性[J].经济学家,2015(6):86-94.

[253]张号栋,尹志超.金融知识和中国家庭的金融排斥——基于CHFS数据的实证研究[J].金融研究,2016(7):80-95.

[254] 张欢欢, 熊学萍. 农村居民金融素养测评与影响因素研究——基于湖北、河南两省的调查数据[J]. 中国农村观察, 2017 (3): 131 – 144.

[255] 张欢欢, 熊学萍. 农村居民金融素养对金融决策的影响路径与实证检验——基于山东省的调查[J]. 华中农业大学学报 (社会科学版), 2018 (6): 75 – 85 + 155.

[256] 张瑞林, 侯仲凯. 电商逆向物流参与主体行为策略的均衡分析——基于三方演化博弈的视角[J]. 商业经济研究, 2019 (11): 108 – 110.

[257] 张文彤. SPSS 统计分析高级教程[M]. 北京: 高等教育出版社, 2013.

[258] 张智富. 农村居民金融素养对金融行为的影响研究——基于江西省县域调查数据[J]. 金融与经济, 2020 (3): 52 – 59.

[259] 张正平. 微型金融机构双重目标的冲突与治理: 研究进展述评[J]. 经济评论, 2011 (5): 139 – 150.

[260] 张正平, 杨丹丹. 市场竞争、新型农村金融机构扩张与普惠金融发展——基于省级面板数据的检验与比较[J]. 中国农村经济, 2017 (1): 30 – 43 + 94.

[261] 赵洪丹, 朱显平. 农村金融、财政支农与农村经济发展[J]. 当代经济科学, 2015, 37 (5): 96 – 108.

[262] 中国人民银行金融消费权益保护局. 2019 年消费者金融素养调查简要报告 [EB/OL]. http://www. pbc. gov. cn/goutongjiaoliu/113456/113469/3868040/index. html, 2019 (7).

[263] 宗民. "一带一路"沿线国家的普惠金融发展: 模式与经验[J]. 西南金融, 2019 (10): 3 – 12.

[264] 中国人民银行金融消费权益保护局. 消费者金融素养调查报告[N]. 金融时报, 2014 – 08 – 27.

[265] 中国银行保险监督管理委员会. 中国普惠金融发展报告[M]. 北京: 中国金融出版社, 2018.

[266] 周海珍, 吴美芹. 金融素养、个人养老准备与商业养老保险决策[J]. 金融与经济, 2020 (3): 35 – 42.

[267] 周立. 由金融排斥走向金融普惠[J]. 中国农村金融, 2014 (8): 29 – 30.

[268] 周孟亮．农村小型金融组织"适应性"成长模式研究——基于普惠金融视角［M］.北京：社会科学文献出版社，2016.

[269] 周孟亮．强化金融服务　巩固脱贫成效［N］．湖南日报，2020 - 03 - 19（005）.

[270] 周孟亮，李明贤．小额信贷商业化、目标偏移与交易成本控制［J］.经济学动态，2010（12）：75 - 79.

[271] 周孟亮，李明贤．增量式农村金融组织"成长"研究：政府与市场协调视角［J］.社会科学，2014（7）：35 - 42.

[272] 周孟亮，罗荷花．双重目标下金融扶贫的实践偏差与模式创新［J］.郑州大学学报（哲学社会科学版），2019，52（2）：46 - 50 + 127.

[273] 周天芸，钟贻俊．金融意识及其对农户借贷选择的影响［J］.华南农业大学学报（社会科学版），2013，12（2）：73 - 80.

[274] 周洋，任柯蓁，刘雪瑾．家庭财富水平与金融排斥——基于 CFPS 数据的实证分析［J］.金融经济学研究，2018，33（2）：106 - 116.

[275] 周洋，王维昊，刘雪瑾．认知能力和中国家庭的金融排斥——基于 CFPS 数据的实证研究［J］.经济科学，2018（1）：96 - 112.

[276] 朱建军，张蕾，安康．金融素养对农地流转的影响及作用路径研究——基于 CHFS 数据［J］.南京农业大学学报（社会科学版），2020，20（2）：103 - 115.

[277] 朱涛，林璐，张礼乐．基于国际比较的中国居民金融素养特征研究［J］.国际商务研究，2017，38（1）：85 - 96.

[278] 左停，杨雨鑫，钟玲．精准扶贫：技术靶向、理论解析和现实挑战［J］.贵州社会科学，2015（8）：156 - 162.

附　录

附录1　农村人口金融能力调查问卷

尊敬的农民朋友们：

本次问卷调查旨在了解和掌握农村人口金融能力情况，将为提高农村人口金融能力提供有针对性的政策建议。我们承诺：调研数据仅用于科学研究，不作商业用途，并将对相关调查信息严格保密。感谢您的支持与配合！

2018年6月

_____省_____县（区）_____乡（镇）

一、基本信息

1. 年龄（18~75岁）：_____。

2. 性别：（　　）

①男　　　　　　　②女

3. 婚姻状况：（　　）

①婚姻不稳定（包括未婚、离异、丧偶等）

②婚姻稳定（已婚且无离异或丧偶）

4. 您家里共有_____人，其中未成年的小孩_____人，劳动力_____人，丧失劳动力的人及老人_____人。

5. 与您同年龄的人相比，过去一年您的健康状况怎么样？（　　）

①很健康　　　　　②健康　　　　　③还可以

④不好　　　　　　⑤很不好

6. 您教育程度是：（　　）

①小学及以下　　　②初中　　　　　③高中（中专、技校）

④大学或大专　　　⑤硕士及以上

7. 您家中主事人（做各项决定的人）的教育程度或者家中受过最高教育为：
（　　）

①小学及以下　　　②初中　　　　　③高中（中专、技校）

④大学或大专　　　⑤硕士及以上

8. 您每年接受各种培训的总时间为多少？（　　）

①不花费任何时间　②小于 1 小时　　③1 ~ 3 小时

④3 ~ 5 小时　　　⑤5 小时及以上

9. 家庭中是否有亲戚朋友在金融机构或政府上班？（　　）

①否　　　　　　　②是

10. 您的家离最近农村金融机构大约有（　　）。

①1 公里以内　　　②1 ~ 3 公里　　③3 ~ 6 公里　　④6 公里以上

11. 2017 年您的家庭纯收入为＿＿＿＿＿万元（要求细分，记录）。

其中：①经营性收入：＿＿＿＿＿万元；②工资性收入：＿＿＿＿＿万元；

③财产性收入：＿＿＿＿＿万元；④转移性收入：＿＿＿＿＿万元。

说明：①经营性收入：包括种植业收入、养殖收入、经商收入等；②工资性
收入：务工、上班等；③财产性收入：土地租金、征地、分红、金融资产收益
等；④转移性收入：低保收入、粮食补贴、养老收入等各类政府补贴、亲友给
钱等。

12. 家庭人均纯收入为＿＿＿＿＿万元。

13. 家庭收入的稳定性程度（　　）。

①极不稳定　　　　②不太稳定　　　③一般

④比较稳定　　　　⑤十分稳定

14. 家庭收入的工作技术含量（　　）。

①技术含量非常低　②技术含量较低　③技术含量一般

④技术含量较高　　⑤技术含量非常高

15. 2017 年您的家庭总支出为＿＿＿＿＿万元（要求细分，记录）。

其中：①日常生活开支：＿＿＿＿＿；②医疗支出：＿＿＿＿＿；③教育支
出：＿＿＿＿＿；④礼金支出：＿＿＿＿＿；⑤其他支出（列举）：＿＿＿＿＿。

16. 依据收入构成，判断您的家庭经营类型属于（　　）。

①普通农户　　　　　②兼业农户　　　　　③非纯农户

17. 是否为建档立卡贫困户？（　　　）

①否　　　　　　　　②是

18. 您拥有的固定资产（房子、汽车、大型家用电器等）大约值＿＿＿＿＿＿万元。

19. 金融资产额度为＿＿＿＿＿＿（万元）；种类为＿＿＿＿＿＿种。

金融资产	额度（万元）	金融资产	额度（万元）	金融资产	额度（万元）
①现金或活期存款		②银行定期存款		③股票	
④各种债券		⑤各种基金		⑥储蓄性保险	
⑦借给亲戚朋友		⑧其他理财产品			

二、金融能力

（一）金融知识

1. 假如您有 1 万元，银行利率为 2%，通货膨胀率为 3%，一年后您 1 万元的购买力如何变化？（　　　）

①不知如何计算　　　②更强或两者相同　　　③更弱

2. 一般情况下，1 年期与 3 年期的银行存款利率相比，哪个利率更高？（　　　）

①不知如何计算　　　②相同或 1 年期更高　　　③3 年期更高

3. 普惠金融机构是否为农村人口积极提供存款业务吗？（　　　）

①不知道　　　　　　②否　　　　　　　　③是

4. 普惠金融机构是否为农村人口积极提供小额信用贷款业务？（　　　）

①不知道　　　　　　②否　　　　　　　　③是

5. 购买保险有规避风险、降低损失等作用，您是否同意？（　　　）

①不知道　　　　　　②不同意　　　　　　③同意

6. 比较种植（经营）一种农作物与多种农作物的风险，哪种类型风险更小？（　　　）

①不知道　　　　　　②一种　　　　　　　③多种

（二）金融意识

1. 个人信用非常重要，需要谨慎维护。（　　）

①不知道　　　　　　②不同意　　　　　　③同意

2. 在农村人口中开展金融教育和培训指导比较重要。（　　）

①不知道　　　　　　②不同意　　　　　　③同意

3. 您想通过金融投资活动来增加家庭收入。（　　）

①不知道　　　　　　②不同意　　　　　　③同意

4. 您认为在金融投资活动中会面临各种潜在风险。（　　）

①不知道　　　　　　②不同意　　　　　　③同意

5. 您认为未来养老规划对个人来说非常重要。（　　）

①不知道　　　　　　②不同意　　　　　　③同意

（三）金融技能

1. 您有 100 元购买了 3 斤鸡，每斤 23 元，您还剩余多少元？（　　）

①不知道　　　　②除 31 元以外的其他数字答案　　　　③31 元

2. 当您购买普惠金融产品时，能否阅读并明确理解金融合同中各条款与自身权利义务。（　　）

①不知道　　　　　　②不能够　　　　　　③能够

3. 您一般辨别 2005 年版 100 元纸币真伪方法有几种？①人像水印　②手工雕刻头像　③凹印图文　④隐形面额数字　⑤安全线　⑥其他　⑦不知道（　　）

①不知道　　　　　　②1 ~ 2 种　　　　　　③3 种及以上

（四）金融行为

1. 当您有金融知识方面的困惑时，会采取哪些方法解决？①自己学习②咨询家人　③咨询亲戚朋友　④咨询政府及相关职能部门　⑤咨询金融机构工作人员　⑥其他　⑦不知如何解决（　　）

①不知道　　　　　　②1 ~ 2 种　　　　　　③3 种及以上

2. 如果您购买金融产品产生纠纷，会采取哪些行动？①向购买金融产品的金融机构投诉　②向金融监管当局投诉　③向政府及相关部门投诉　④向媒体、投诉热线等第三方机构投诉　⑤向家人及亲朋寻求帮助　⑥其他　⑦不知如何解决（　　）

①不知道　　　　②1~2 种　　　　③3 种及以上

3. 如果您购买某种普惠金融产品和服务时,是否能够比较和科学选择适合自身需要的普惠金融产品和服务?(　　　)

①不知道　　　　②不能够　　　　③能够

三、金融活动及其他行为

1. 过去一年内,您是否办过存款_____,去哪里办理存款_____,存款服务可获得性(去银行存款是否被拒绝过)_____。

①信用社(农村商业银行)　②传统四大行(中、农、工、建)

③邮政储蓄银行　　　　　　④村镇银行、资金互助社等新型农村金融机构

⑤其他商业银行_____。

2. 过去一年内,您是否借过钱_____,去哪里借钱_____,借款服务可获得性(获得额度/申请贷款额度)_____,用途_____。

①农业生产　　　　②非农业生产　　　　③建房或买房

④小孩教育　　　　⑤医疗开销　　　　　⑥婚丧嫁娶

⑦日常开支　　　　⑧买车　　　　　　　⑨其他

3. 您的家庭是否有足够的钱购买下列商品?

商品	非常同意	比较同意	一般	不太同意	完全不同意
日常的食品和衣服	5	4	3	2	1
家电、家具	5	4	3	2	1
医疗服务	5	4	3	2	1
住房	5	4	3	2	1

4. 您或您的家庭对收入及金融产品的满意情况。

满意度	非常满意	比较满意	一般	不太满意	完全不满意
整体金融服务满意度	5	4	3	2	1
银行存款	5	4	3	2	1
银行贷款	5	4	3	2	1
保险	5	4	3	2	1
理财产品、股票、基金、债券	5	4	3	2	1

5. 您认为您自己通过采取哪些措施可以有效提升金融能力？（可多选）
（　　）

①自我金融意识的培育和提高　　　　　②自主学习金融知识和技能

③积极参与金融行为活动

6. 您是否采取有效措施来培育和提高自我金融意识？（　　）

①否　　　　　　　　②是

7. 您是否采取有效措施来自主学习金融知识和技能？（　　）

①否　　　　　　　　②是

8. 与前一年相比，您参与金融行为活动是否有增多与优化？（　　）

①否　　　　　　　　②是

9. 您是否愿意使用手机银行业务？（　　）

①是　　　　　　　　②否

10. 您是否会简单操作手机银行业务？（　　）

①是　　　　　　　　②否

11. 您是否创业？（　　）

①是　　　　　　　　②否

12. 您创业项目（　　）。

①农业创业　　　　②非农创业　　　　③"农业＋非农创业"

13. 您创业时间（　　）。

①1 年以下　　　②1～2 年　　　③2～4 年　　　④4 年以上

14. 您对创业的态度为（　　）。

①非常不喜欢　　　②不太喜欢　　　③一般

④比较喜欢　　　　⑤非常喜欢

15. 您的创业类型（　　）。

①实现个人价值　　　　　　　　②赚取更多收入

③找不到其他工作　　　　　　　④生活所逼

附录2 农村人口金融能力提升效果的影响因素的问卷调查

尊敬的朋友们：

感谢您在百忙之中填写此问卷。本次问卷调查旨在了解和掌握目前提升农村人口金融能力效果的影响因素。我们承诺：调研数据仅用于科学研究，不作商业用途，并将对相关调查信息严格保密。衷心感谢您的支持与配合！

一、基本信息

1. 您的身份属于（　　）。

①农村人口群体　　　　　　　　②普惠金融机构工作人员

③政府及其他部门工作人员　　　④教育及研究机构工作人员

2. 您目前的年龄（　　）。

①30 岁以下　　②30～45 岁　　③45～60 岁　　④60 岁及以上

3. 您受教育程度（　　）。

①初中及以下　　　　　　　　　②高中、中专或技校

③大学或大专　　　　　　　　　④硕士及以上

4. 您的家庭人均可支配收入为（　　）。

①1 万元以下　　②1 万～3 万元　　③3 万～6 万元　　④6 万元以上

二、研究构面题项

	提升农村人口金融能力效果题项						
态度 题项	非常同意	比较同意	有些同意	中立	有些不同意	较不同意	完全不同意
农村人口金融知识水平得到明显提高	7	6	5	4	3	2	1
农村人口金融技能水平得到明显提高	7	6	5	4	3	2	1
农村人口金融意识水平得到明显提高	7	6	5	4	3	2	1
农村人口金融行为得到明显优化	7	6	5	4	3	2	1

农村人口自身方面的题项

题项 \ 态度	非常同意	比较同意	有些同意	中立	有些不同意	较不同意	完全不同意
农村人口自身提升金融能力的自我意识较高	7	6	5	4	3	2	1
农村人口自身学习金融知识和技能的主动性较高	7	6	5	4	3	2	1
农村人口自身参与金融活动的积极性较高	7	6	5	4	3	2	1

普惠金融机构方面的题项

题项 \ 态度	非常同意	比较同意	有些同意	中立	有些不同意	较不同意	完全不同意
普惠金融机构积极制定农村人口金融提升工作方案	7	6	5	4	3	2	1
普惠金融机构积极创新适合的普惠金融产品和服务	7	6	5	4	3	2	1
普惠金融机构积极加强金融知识宣传	7	6	5	4	3	2	1
普惠金融机构积极开展金融教育和指导	7	6	5	4	3	2	1

政府及其他部门方面的题项

题项 \ 态度	非常同意	比较同意	有些同意	中立	有些不同意	较不同意	完全不同意
政府及其他部门加大制定金融能力提升的扶持政策	7	6	5	4	3	2	1
政府及其他部门积极开展金融知识宣传和教育指导	7	6	5	4	3	2	1
政府及其他部门加快建设农村金融基础设施	7	6	5	4	3	2	1
政府及其他部门不断完善相关法律规章制度	7	6	5	4	3	2	1